攻守兼备
大器晚成
可转债和可交换债理论与操作实务

罗斌 著

中国财经出版传媒集团
中国财政经济出版社

图书在版编目（CIP）数据

攻守兼备　大器晚成：可转债和可交换债理论与操作实务／罗斌著．—北京：中国财政经济出版社，2018.11

ISBN 978-7-5095-8581-8

Ⅰ.①攻… Ⅱ.①罗… Ⅲ.①公司债券-研究 Ⅳ.①F810.5

中国版本图书馆 CIP 数据核字（2018）第 236377 号

责任编辑：吕小军　　　　　责任印制：党　辉
封面设计：思梵星尚　　　　责任校对：胡永立

中国财政经济出版社 出版

URL：http://www.cfeph.cn

E-mail：cfeph@cfeph.cn

（版权所有　翻印必究）

社址：北京市海淀区阜成路甲 28 号　邮政编码：100142

营销中心电话：010-88191537　北京财经书店电话：64033436　84041336

北京富生印刷厂印刷　各地新华书店经销

710×1000 毫米　16 开　11.75 印张　153 000 字

2018 年 11 月第 1 版　2018 年 11 月北京第 1 次印刷

定价：46.00 元

ISBN 978-7-5095-8581-8

（图书出现印装问题，本社负责调换）

本社质量投诉电话：010-88190744

打击盗版举报热线：010-88191661、QQ：2242791300

序

在国内资本市场中，可转债和可交换债是两种最为复杂的金融产品，这种复杂性主要体现在两者兼具股性和债性，横跨股票和债券两个市场，内含看涨和看跌多个期权等等。虽然复杂，但可转债和可交换债对发行人来说，"进"可实现较高价格发股或减持，"退"可实现低成本债权融资；对投资者来说，则"进"可通过转股或换股实现超额收益，"退"可通过持有债券到期实现保本保息，可谓攻守兼备。

2017年再融资新政和减持新规实施后，可转债和可交换债迅速发展起来。但遗憾的是，市面鲜有关于可转债和可交换债这两类金融产品的著作，从投资银行角度进行论述的著作则更少。本书以相关法规、监管窗口指导和市场案例为基础，结合其十余年的丰富投资银行从业经验，详细阐述和系统性梳理了可转债和可交换债的基本概念、特点、起源、发展历程、申报、审核、发行簿记、上市、退出、后续监管等，并对项目执行过程中经常遇到的问题进行分析和解答，充满真知灼见。

罗斌为人踏实、肯干，善于思考和总结，基础知识扎实，专业能力突出，主导或参与了不少大型投行项目，拥有境内外IPO（首次公开发行股票）和再融资、股权和债权融资、前端承揽承做和后端发行承销等丰富的投行项目经验，是投行界的新锐，具有很大的发展潜力。2015 年至 2017 年，罗斌所在公司的可交换债业务连续 3 年保持行业第一名的位置，这与他的努力和带头作用是分不开的。本书是作者投行从业多年来专业智慧厚积薄发的结晶。

本书既可作为投行从业人员的项目执行工具书，也可为其他证券服务机构、上市公司及其股东、投资者等提供投融资决策参考。对于想快速掌握可转债、可交换债相关概念和本质的初学者，本书又是尚好的入门教材。值得好好读读，慢慢消化。

中国保利集团有限公司

2018 年 9 月

目　　录

第一部分　可转债理论与操作实务

第一章　可转债基本理论 ……………………………………（ 3 ）
　一、可转债基本概念 …………………………………（ 3 ）
　二、可转债的起源及其在海外发展历程 ……………（ 4 ）
　三、可转债在我国的发展历程 ………………………（ 5 ）
　四、可转债估值 ………………………………………（ 15 ）
　五、可转债的会计处理 ………………………………（ 19 ）

第二章　可转债发行条件及融资优势分析 …………………（ 24 ）
　一、可转债发行条件分析 ……………………………（ 24 ）
　二、可转债融资优势分析 ……………………………（ 32 ）

第三章　可转债发行申报与审核 ……………………………（ 37 ）
　一、可转债发行方案分析 ……………………………（ 37 ）
　二、可转债审核关注问题 ……………………………（ 53 ）
　三、可转债项目操作流程 ……………………………（ 61 ）

第四章　可转债发行、上市与后续监管 ……………………（ 67 ）
　一、可转债发行簿记 …………………………………（ 67 ）
　二、可转债上市交易 …………………………………（ 81 ）
　三、可转债后续监管 …………………………………（100）

第五章　私募可转债的兴起 ·· (107)
　　一、私募可转债兴起的背景 ······································ (107)
　　二、私募可转债的发行条件 ······································ (109)
　　三、私募可转债的主要条款和信息披露 ························ (111)
　　四、私募可转债的转股 ·· (112)
　　五、私募可转债的发展趋势 ······································ (114)

第二部分　可交换债理论与操作实务

第六章　可交换债基本理论 ·· (119)
　　一、可交换债基本概念及特点 ···································· (119)
　　二、可交换债起源与海外发展历程 ······························ (123)
　　三、国内可交换债发展历程及趋势 ······························ (125)

第七章　可交换债发行及关注问题 ··································· (132)
　　一、可交换债产品优势 ·· (132)
　　二、可交换债发行条件 ·· (139)
　　三、可交换债项目操作流程 ······································ (145)
　　四、可交换债发行需关注的问题 ································· (151)
　　五、可交换债的投资退出 ··· (154)

第八章　可交换债的应用场景 ··· (158)
　　一、作为融资工具的可交换债 ···································· (158)
　　二、作为减持手段的可交换债 ···································· (171)
　　三、可交换债的其他应用 ··· (179)

后记 ·· (182)

第一部分

可转债理论与操作实务

第一章

可转债基本理论

一、可转债基本概念

可转债是可转换公司债券（Convertible Bond）的简称，指发行公司依法发行、在一定期间内依据约定的条件可以转换成股份的公司债券[①]。从定义上看，可转债本质上是一种含有期权的特殊的公司债券，可以在约定期间内按照约定条件转换为公司普通股。因此，可转债具有如下几个特点：

（一）债性

与普通公司债券一样，可转债也有约定的债券期限、票面价格、票面利率、还本付息方式等，发行人有按期兑付债券本息的义务，投资者

[①] 此处采用《上市公司证券发行管理办法》中的定义，《创业板上市公司证券发行暂行办法》将可转债定义为"上市公司依法发行、在一定期间内依据约定的条件可以转换成股份的公司债券"，发行主体特指上市公司。

则可以在持有债券期间按照约定收取利息，到期获得本金。

（二）股性

可转债转股之后，便成为普通股，可转债持有人就由债权人变成了公司的股东，享有跟普通股一样的投票权、分红权等，也在一定程度上影响公司的股本结构。

（三）期权

可转债持有人有权在一定期间内依据约定的条件转换成股份是可转债的重要特点，转股权是投资者享有的、普通债券所没有的选择权。进入到转股期后，当正股价格上涨超过转股价格时，可转债持有人可按照约定转股价格随时将可债券转换成为股票，发行人不得拒绝。当然，可转债持有人也有权利选择不转股，尤其是当正股价格下跌至转股价格之下时，则可继续持有债券，直至出现下一次转股机会；或持有至债券到期，收取本金和利息；或者在二级市场出售变现。

此外，可转债通常还会约定赎回条款、回售条款等，给予发行人在一定条件下拥有强制赎回债券的权利，或给予持有人在一定条件下将债券回售给发行人的权利。

可转债拥有上述特性，因而成为一种攻守兼备的金融衍生工具。

二、可转债的起源及其在海外发展历程

可转债起源于美国。1843年，美国铁路建设行业处于狂热发展期，New York Erie 铁道公司为了解决铁路建设周期长、见效慢、需要筹集巨额长期资金的问题，发行了全世界第一张可转债。第一次世界大战前，可转债多采用以股票面值作为转股价格进行转股；战后，尤其是经过1926年到1929年的繁荣期，当无票面股票、市价发行等制度逐渐根植于

美国经济之中时，可转债有了从面值转换方式到市价转换方式（根据股票价格决定转股价格）的第一次创新。

20世纪50年代，市场出现了具有赎回条款的可转债，标志着可转债的第二次创新来临。可赎回可转债一经推出，随即受到市场热烈追捧，成为后续新发行的可转债的常见条款。

1970年，日本建立了可转债交易市场，在世界范围内首次实现可转债在市场上的流通。

1975年，日本东芝公司发行了世界第一只附有回售条款的可转债，即在可转债合约中加入了投资者有权回售的条款，可转债进入到第三次创新阶段。具有回售条款的可转债极大地保护了投资者的利益，但由于市场风险主要由发行人承担，因此较少被采用，当时并不具备大规模推广的基础。

1985年，美林集团发行了既可赎回又可回售的零息票转债LYON（Liquit Yield Option Note），对可转债进行了第四次创新。一年以后，附加恶性回售条款的可转债面世，成为可转债的第五次创新。与之前的回售条款不同的是，恶性回售期权只有当发行人的控制权发生变化时才触发，很大程度上保护了可转债持有人的利益，受到投资者的广泛欢迎。1988年至1992年，附恶性回售条款的可转债占到可转债发行总数的80%。

20世纪90年代以来，随着互联网泡沫的破灭引发的全球股市的大幅震荡，可转债攻守兼备的优势越发明显，加之各国基准利率不断下调，可转债融资成本大幅下降，全球可转债市场开始进入大繁荣时代。

三、可转债在我国的发展历程

同西方发达国家相比，我国资本市场起步较晚，可转债这一融资品种也在不断发展和完善。自1991年以来，我国可转债在过去的20多年发展过程中,大致经历了自发探索、规范试点、大力发展、逐步成熟四个阶段。2017年2月以来,我国可转债进入了一个新的高速发展阶段。

(一) 自发探索阶段 (1991—1997年)

1991年8月,经中国人民银行海南省分行批准,海南新能源股份有限公司(以下简称"琼能源")向社会公开发行了我国历史上第一只可转换债券,募集资金3 000万元,票面利率10%,发行章程规定债券面额的30%在发行1年后可在发行人扩股时按扩股发售价格转换为公司普通股股票。其后,1992年6月,经中国人民银行成都市分行批准,成都工益冶金股份有限公司(以下简称"成都工益")发行我国历史上第二只可转债,也是第一只发行时即约定了转股比例的可转债。成都工益可转换债券募集资金为5 922.5万元,最终于1993年5月以每2.5元的债券金额转为面值为1元的公司股票,分别转换为国有法人股120万元、社会法人股120万元、社会个人股2 129万元,各认购人的权利并不完全一致。

琼能源和成都工益是在股票上市前发行的可转债。1992年11月,中国宝安企业(集团)股份有限公司(以下简称"深宝安")向社会公开发行了我国历史上第一只上市公司可转债。本次发行可转债10万张,每张5 000元,募集资金50 000万元,票面利率3%,期限3年,约定转股期间为1993年6月1日至1995年12月31日,转股价格为25元/股。宝安转债于1993年2月10日上市交易,成为我国第一只含美式期权的可转债。但因转股价格大幅高于股票市价,且转股价格调整条款设置不合理(在可转股债券发行半年内,即1993年6月1日之前,公司增发新股可按给定的调整公式进行价格调整,而在此之后分红、送股、转增、增发等涉及的价格调整,发行公告未作说明与规定),导致最终仅有2.78%的可转债实现转股,转股失败。

1993年至1997年期间,国内市场处于可转债发行的空窗期。但在此期间,中国公司开始尝试在海外发行可转债融资,募集资金近100亿元人民币。例如，中国纺织机械股份有限公司（B股简称"中纺B股"）和中国南方玻璃集团股份有限公司（B股简称"深南玻B"）先后于1993年11月和1995年6月在瑞士分别私募发行了3 500万瑞士法郎和4 500万美元的B股可转换债券，期限均为5年，前者年利率为1%，后者年利率为5.25%。由于两家公司在发行时机把握、发行条件设计方面不同，造成最终中纺B股转债未能实现转股，全部债券按照110%的价格被投资者提前回售给公司并发生了4 300万元的汇兑损失，而深南玻B则实现71.69%的转债成功转股。中国石化镇海炼油化工有限公司和庆铃汽车股份有限公司则先后于1996年12月和1997年1月在欧洲和中国香港发行了2亿美元和1.1亿美元H股转债，前者期限为2年，票息率3%；后者期限5年，票面利率3.5%，并附有强制转股条款。此外，1997年5月，华能国际电力股份有限公司在美国和欧洲市场发行了2.3亿元N股可转债，期限7年，票面利息为1.75%（半年付息）。

总之，在这一阶段，我国尚未正式出台任何关于可转债的法规或指导意见，可转债在自发探索中前行。

（二）规范试点阶段（1997—2000年）

为了加强对可转债的管理，规范可转债的发行、上市、转换股份及相关活动，1997年3月25日，经国务院批准，国务院证券委发布了《可转换公司债券管理暂行办法》（以下简称《暂行办法》）。《暂行办法》对国内上市公司和重点国有企业在境内发行以人民币认购的可转债行为进行了规范指导，其中，上市公司发行可转债，经省级人民政府或者国务院有关企业主管部门推荐，报中国证券监督管理委员会（以下简称中国证监会）审批，重点国有企业发行可转债，由发行人提出申请，经省级人民政府或者国务院有关企业主管部门推荐，报中国证监会审批，并抄报国家计划委员会、国家经济贸易委员会、中国人民银行、国家国有资产管理局。

根据《暂行办法》的相关规定，上市公司发行可转债，须满足最近3年连续盈利，且最近3年净资产利润率平均在10%以上，属于能源、原材料、基础设施类的公司可以略低，但是不得低于7%；可转债发行后，资产负债率不高于70%；可转债发行额不少于人民币1亿元，且累计债券余额不超过公司净资产额的40%等条件。重点国有企业在满足最近3年连续盈利的前提下，对净资产利润率和资产负债率没有作特别要求，但要求有明确、可行的企业改制和上市计划，可靠的偿债能力，以及具有代为清偿债务能力的保证人的担保。可见，当时可转债的发行门槛比较高。

《暂行办法》公布后，南宁化工股份有限公司（以下简称"南宁化工"）、江苏吴江中国东方丝绸市场股份有限公司（以下简称"吴江丝绸"）和中国石化茂名炼油化工股份有限公司（以下简称"茂名石化"）三家企业成为经改制后的国务院批准进行可转债发行试点的第一批国有重点企业，首开重点国有企业先发可转债再发行股票的先河。由于吸取了前几家国企发行可转债的经验和教训，此次试点的企业在可转债条款设计上进行了充分考虑和创新，发行获得了较大成功。其中，南宁化工于1998年8月3日发行了第一只非上市公司可转债，募集资金1.5亿元，期限5年，首次实行了累进利率，首期票面利率为1%，以后每年增加0.2%，初始转股价为发行人A股首次公开募股（IPO）时发行价的一定比例的折扣，且根据发行人IPO新股上市时间的不同折扣率也不同，另约定了转股价格调整条款、强制转换条款和回售条款。紧接着，1998年8月28日，吴江丝绸发行了第二只非上市公司可转债，募集资金2亿元，条款设计基本参照南宁化工转债，但是在保留了到期强制转换条款的同时，取消了转股期间根据二级市场股价相对当期转股价格溢价幅度设置的有条件赎回条款。南宁化工转债和吴江丝绸转债由于转股价格与A股IPO的发行价格挂钩，使得债券价格反过来影响IPO发行价格，并且新股上市后价格被操纵，上市一个月内即基本完成转股。1999年7月28日，茂名石化发行了第三只非上市公司可转债，募集资金15亿元，期限5年，首年利率1.3%，以后每年增加0.3%，发行获得了21.4024倍的超额认购。但根据中国证监会于2003年9月19日发布的《关于进一步规范股票首次发行上市有关工作的通知》（证监发行字〔2003〕116号），茂名石化在关联交易、独立性等方面不符合上市要求，茂名石化未能成功上市，最终可转债被赎回。

2000年2月25日，上海国际机场股份有限公司（原上海虹桥国际机场有限公司，简称上海机场）采用先向原股东配售，剩余额度向社会公众公开发行的方式发行了13.5亿元可转债，期限为5年，票面利率为0.8%（固定利率），发行结束6个月后即可转股，转股价格以发行可转债前1个月股票的平均价格9.73元/股为基准，溢价2.77%后为10元/股。这是《暂行办法》发布以来国内A股市场发行的首只可转债，由于发行时机选择较好，条款设计较为合理，促使转股缓慢而顺利地进行，达到了预期目的。紧随其后，鞍钢股份有限公司（原鞍钢新轧钢股份有限公司，简称"鞍钢股份"）参照上海机场可转债相关条款，于2000年3月14日发行了15亿元可转债，但由于2000年下半年我国钢铁股全面走强，鞍钢股份的股价远高于转股价格，转股速度过快导致股本和净资产迅速扩张，给公司经营带来很大压力。

总之，在规范试点阶段，我国A股市场发行了5只可转债，合计募集资金47亿元，发行方式、发行条款、投资者逐步完善，但仍然带着较为浓厚的扶持重点国有企业发展的中国特色。

（三）大力发展阶段（2001—2004年）

尽管在规范试点阶段，国内5只可转债的发行均较为成功，但自2000年4月至2002年4月长达两年的时间内，可转债发行一直处于停滞状态。

2001年4月26日，中国证监会发布《上市公司发行可转换公司债券实施办法》，并同时发布《公开发行证券的公司信息披露内容与格式准则第 12 号——上市公司发行可转换公司债券申请文件》《公开发行证券的公司信息披露内容与格式准则第 13 号——可转换公司债券募集说明书》和《公开发行证券的公司信息披露内容与格式准则第 14 号——可转换公司债券上市公告书》等 3 个配套规则，A 股上市公司发行可转债有了明确的操作细则和规范指引，大大简化了可转债发行申报及核准程序。在上述文件的规范下，上市公司发行可转债采取企业申请、主承销商推荐制度，符合发行条件的上市公司都可以在中介机构的协助下申请发行可转债，为发行可转债奠定了较完备的法律基础。

2002 年 4 月 18 日，江苏阳光股份有限公司（以下简称"江苏阳光"）率先打破尘封两年的可转债发行市场，在新的规则下，通过对可转债条款进行改进，如改变先前现金分红时不调整转换价格的传统，提高了转股可能性，最终以 13.9 倍的超额认购倍数成功发行了阳光转债，开启了我国可转债大力发展的新阶段。紧随其后，万科转债、水运转债、丝绸转债、燕京转债相继于同年 6 月、8 月、9 月、10 月发行，募集资金总额分别为 15 亿元、3.2 亿元、8 亿元和 7 亿元。但受低迷的股市行情影响，发行难度越来越大，阳光转债中签率为 7.19%，万科转债中签率上升至 38.19%，水运转债继续上升至 79.46%，到丝绸转债和燕京转债则分别出现 2.18 亿元和 3.73 亿元余额被承销商包销的情况。

2003 年至 2004 年期间，尽管 A 股市场出现大幅波动，但公司上市及上市公司融资行为仍然十分活跃，IPO 分别完成 67 家和 99 家，配股各完成 23 家，可转债则分别完成 15 家和 13 家。以 2003 年 1 月 22 日钢钒转债的成功发行为标志，我国可转债市场发行速度明显加快。其后，民生转债、雅戈转债、丰原转债、铜都转债、华电转债、山鹰转债、桂冠转债、国电转债、西钢转债等等相继发行成功，单只可转债发行规模也从 16 亿元扩大至 20 亿元甚至 40 亿元，及至招行转债发行成功，单只可转债发行规模已达到了 65 亿元之巨！

总之，在大力发展阶段，我国共有33家上市公司发行了累计436.03亿元可转债，市场容量迅速扩大，为投资者提供了多样化的投资选择，尤其是民生银行、招商银行、国电电力、万科等众多优质上市公司可转债的发行，更凸显了可转债无论是作为融资工具还是投资品种，无论是牛市还是熊市，对参与各方均具备独特的吸引力。

（四）逐步成熟阶段（2006—2016年）

2004年11月至2006年7月，因新股发行询价制度改革和股权分置改革，可转债发行暂停了较长一段时间。于2005年5月9日开始，并于2006年底基本完成的股权分置改革，解决了阻碍我国资本市场改革开放和稳定发展的根本性问题。在此期间，中国证监会于2006年5月6日公布的《上市公司证券发行管理办法》（以下简称《管理办法》），标志着我国可转债市场已进入逐步成熟的崭新阶段。

与之前的规定不同的是，《管理办法》一定程度上降低了可转债的发行条件，例如盈利能力方面，将"最近3年净资产利润率平均在10%以上，属于能源、原材料、基础设施类的公司可以略低，但是不得低于7%"降低至"最近三个会计年度加权平均净资产收益率平均不低于6%"，删除了"可转换公司债券发行后，资产负债率不高于70%""可转换公司债券的发行额不少于人民币1亿元""主营业务是否突出""募集资金投向是否具有较好的预期投资回报"，以及不论发行人净资产规模多少，均须与担保人签订担保合同等规定。同时，《管理办法》明确了报告期内发行人现金分红的比例，即"最近三年以现金方式累计分配的利润不少于最近三年实现的年均可分配利润的30%"；而对于转股价格的定价原则，不再要求"公布募集说明书前30个交易日公司股票的平均收盘价格为基础，并上浮一定幅度"，改为"转股价格应不低于募集说明书公告日前20个交易日该公司股票交易均价和前一交易日的均价"；债券期限也从"最短为3年，最长为5年"改为"最短为1年，最长为6年"。

此后，在深圳证券交易所（以下简称"深交所"）创业板开板近5年后，中国证监会于2014年5月14日公布《创业板上市公司证券发行管理暂行办法》（以下简称《管理暂行办法》），放开了对创业板上市公司股权再融资的限制。同时，《管理暂行办法》进一步放松了对上市公司盈利水平的要求，将"最近三个会计年度加权平均净资产收益率平均不低于6%"改为"最近二年盈利，净利润以扣除非经常性损益前后孰低者为计算依据"，但为引导创业板上市公司进行理性融资，《管理暂行办法》增加了对发行人资产负债率的要求，即"最近一期末资产负债率高于百分之四十五"。

《管理办法》和《管理暂行办法》较大幅度修改发行条件后，加上监管机构的支持，可转债审核通过率为100%，10年间A股市场共发行了82只可转债，合计募集资金约2 744.52亿元。尤其是中行转债、工商转债、民生转债、平安转债分别募集资金400亿元、250亿元、200亿元和260亿元，为银行、保险机构及时补充了大量核心资本，而发行可转债相比于增发股票融资，对二级市场的冲击较小，一定程度上呵护了当时羸弱的二级市场。

值得一提的是，在此期间，上市公司蓝色光标发行了创业板市场第一只可转债，并于2016年1月8日成功上市交易。

（五）高速发展阶段（2017年至今）

2017年2月17日，为规范和引导上市公司理性融资、合理确定融资规模、提高募集资金使用效率，中国证监会发布了《发行监管问答——关于引导规范上市公司融资行为的监管要求》，加上此前于2017年2月15日公告的《关于修改〈上市公司非公开发行股票实施细则〉的决定》，两者被坊间统称为"再融资新政"。再融资新政简单来说有以下几个要点：

（1）限制融资规模：上市公司申请非公开发行股票的，拟发行的股份数量不得超过本次发行前总股本的20%。

（2）限制融资节奏：上市公司申请增发、配股、非公开发行股票的，本次发行董事会决议日距离前次募集资金到位日原则上不得少于18个月，前次募集资金包括首发、增发、配股、非公开发行股票，不包括可转债、优先股和创业板小额快速融资。

（3）约束发行价格：上市公司非公开发行股票，发行价格不低于定价基准日前20个交易日均价的90%，其中定价基准日为本次非公开发行股票发行期的首日。

此后，中国证监会于2017年5月26日发布了《上市公司股东、董监高减持股份的若干规定》（〔2017〕9号），沪、深交易所则于第二天公布《上市公司股东及董事、监事、高级管理人员减持股份实施细则》（以下统称"减持新规"），规定"大股东减持或者特定股东减持，采取集中竞价交易方式的，在任意连续90日内，减持股份的总数不得超过公司股份总数的1%""持有上市公司非公开发行股份的股东，通过集中竞价交易减持该部分股份的，除遵守前款规定外，自股份解除限售之日起12个月内，减持数量不得超过其持有该次非公开发行股份数量的50%"。减持新规下，参与非公开发行股份（俗称"定增"）的投资者的退出期限相应被延长了，投资风险增大，从而影响了其参与定增的积极性。

再融资新政和减持新规对上市公司定增影响非常深远。2017年6月之前定增呈逐月下降趋势，但2017年下半年期间，定增融资额逐渐增加，究其原因，一方面是需要继续消化再融资新规前的存量定增项目，另一方面是中国证监会批文发放速度加快，从之前通过发审会到发放批文需要150天左右的时间加快到30天左右。此外，中国联通定增项目于2017年11月初完成，募集资金617.25亿元，对当月定增融资规模影响较大。随着存量定增项目逐渐消化完，定增项目（不含重大资产重组并配套募集资金）数量将逐渐下降。实际上，根据Wind资讯，截至2017年12月31日，披露预案的定增项目（不含收购资产和重大资产重组并配套募集资金项目）中，以定价基准日为发行期首日的上市公司仅有166家，募集资金总额为3 624.99亿元，可见定增融资规模后续增长乏力（详见图1-1）。

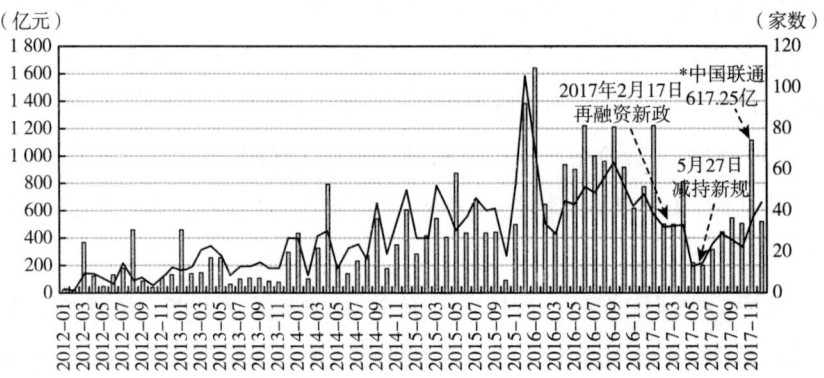

图1-1　2012—2017年定增市场概况

资料来源：Wind，截至2017年12月31日。

与之相反的是，再融资新政出台后，可转债发行成井喷之势。根据Wind资讯，2017年度，已有40家上市公司完成可转债发行，共募集资金946.21亿元，相比2016年度增长了345.23%，也超过了2012年以来任何一年的可转债融资规模，并且尚有133家上市公司披露了可转债发行预案（含获得发行批文但尚未发行、通过发审会以及在审状态等项目），共募集资金4 827.70亿元，达历史之最。

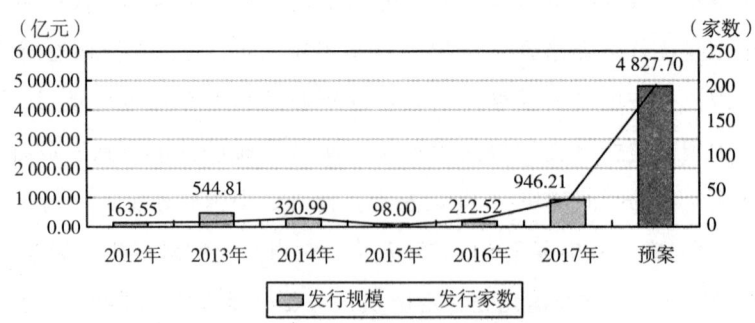

图1-2　2012—2017年可转债发行情况

资料来源：Wind，截至2017年12月31日。

同时，为解决可转债和可交换债发行过程中产生的较大规模资金冻结问题，参照 IPO 新股发行经验，中国证监会于 2017 年 9 月 8 日以证监会令第 135 号的方式公布了《关于修改〈证券发行与承销管理办法〉的决定》（以下简称《承销办法》），对可转债、可交换债发行方式进行了调整，将现行的资金申购改为信用申购，即参与网上申购的投资者申购时无需预缴申购资金，待确认获得配售后，再按实际获配金额缴款；参与网下申购的投资者申购时无需预缴申购资金，按主承销商的要求单一账户缴纳不超过 50 万元的保证金，待确认获得配售后，再按实际获配金额缴款。《承销办法》发布后，可转债的发行速度明显加快，2017 年 9 月仅有 1 只可转债启动发行，10 月、11 月分别有 1 只和 12 只可转债启动发行，进入 12 月后，截至 12 月 31 日，已有 20 只可转债启动发行工作。

综上可知，可转债已进入高速发展阶段。

四、可转债估值

可转债本质上是一种含有期权的特殊的公司债券，其价值由纯债价值和期权价值构成。这里的期权除了转股期权外，通常还设有赎回权、回售权和向下修正条款，因此，一个完整的可转债估值公式为：

可转债价值 = 纯债价值 + 转股看涨期权价值 + 回售看跌期权价值 − 赎回看涨期权价值 + 向下修正选择期权价值

上述公式中还需要考虑两种更为复杂的情况：（1）转股期权是一个半欧式半美式的期权，即转股期之前是欧式，进入转股期就变成了美式期权，这增加了可转债准确估值的难度；（2）转股看涨期权价值、回售看跌期权价值、赎回看涨期权价值这三个期权互不兼容，无法同时行权，因此不能简单地做加减法，因此，这使得可转债估值模型变得更为复杂。

(一) 期权定价模型的演变

可转债估值公式中最核心的是对期权进行定价，期权定价模型经历了由简单到复杂的发展过程。20世纪60年代，可转债的定价等同于一只普通债券的最大价值，其内含的期权价值尚未出现合适的定价模型。虽然早在1900年，法国数学家劳雷斯·巴舍利耶（Louis Bachelier）在其《投机理论》一文中，假设股票价格按照无漂移和每单位时间具有方差Z的标准布朗运动（又称"绝对布朗运动"），提出用"公平赌博的方法（Fair Game Approach）"得出到期日看涨期权的期望值，并在此基础上推导出了权证的定价公式，但该公式允许有负的股票价格和权证价格，而且也没有考虑到货币的时间价值，这显然有悖于事实，因此，巴舍利耶的期权定价模型并未在金融领域得到重视和推广。

此后，斯普伦克莱（Sprenkle, 1961）、博内斯（Boness, 1964）以及萨缪尔森（Samulson, 1965）都对巴舍利耶的期权定价模型进行了修正和完善。直到1973年，Fischer Black和Myron Scholes发表了《期权定价和公司财务》（The Pricing of Option and Corporate Liability），提出了"Black - Scholes模型"（简称"B—S模型"），期权定价模型才被逐渐广泛地应用开来，并推动了金融创新和各种新兴金融产品的面世。与此同时，罗伯特·默顿（Robert Merton）解决了分红股票的期权定价问题，扩展了B—S模型的内涵，并使之同样运用于许多其他形式的金融交易。

随后，约翰·考克斯（John Carrington Cox）、斯蒂芬·罗斯（Stephen A. Ross）、马克·鲁宾斯坦（Mark Rubinstein）于1979年在论文《期权定价：一种简化方法》（Option Pricing: A Simplified Approach）中提出了二项式模型（Binomial Model），该模型建立了期权定价数值法的基础，解决了美式期权定价的问题。二项式模型与B—S模型是两种相互补充的方法，二项式期权定价模型推导比较简单，更适合说明期权定价的基本概念。该定价模型建立在一个基本假设基础上，即在给定的时间间隔内，证券的价格运动有两个可能的方向：上涨或者下跌。虽然这一假设非常简单，但由于可以把一个给定的时间段细分为更小的时间单位，因而二项式期权定价模型适用于处理更为复杂的期权。二项式期权构建风险中性条件下正股价格变动的二叉树，再根据各种条款，确定边界条件、到期日的端值条件、转换的边界条件、赎回和回售的边界条件，最后根据边界条件和树状图，倒推出可转债的理论价值。由于二项式模型简化了期权定价的计算并增加了直观性，其已成为全世界各大证券交易所的主要定价标准之一。

此外，20世纪40年代发展起来的蒙特卡罗模拟方法也被应用于期权定价中来。蒙特卡罗模拟方法是以概率和统计理论方法为基础，使用随机数（或更常见的伪随机数）来解决很多计算问题的方法，其基本思想是：假设已知标的资产价格的分布函数，然后把期权的有效期限分为若干个小的时间间隔，借助计算机的帮助，可以从分布的样本中随机抽样来模拟每个时间间隔内股价的变动和股价的一个可能的运行路径，这样就可以计算出期权的最终价值。这一结果可以被看作是全部可能终值集合中的一个随机样本，用该变量的另一条路径可以获得另一个随机样本。更多的样本路径可以得到更多的随机样本。如此重复几千次，得到T时刻期权价格的集合，对几千个随机样本进行简单的算术平均，就可以求出T时刻期权的预期收益。根据无套利定价原则，把未来T时刻期权的预期收益用无风险利率折现就可以得到当前时刻的价格。蒙特卡罗模拟方法能处理较为复杂的情况，且计算效率相对较高，但由于该方法是由初始时刻的期权价值来推导未来时刻的期权价值，因此，其只能用于欧式期权的计算，不能用于计算美式期权，并且计算结果的精度依赖于模拟运算次数。

（二）可转债估值模型

虽然可转债中含有多项期权价值，但实际操作过程中通常将其简化

为普通公司债券价值和其所包含的欧式看涨期权的价值,即

$$CB = B + C$$

其中,CB 表示可转债的价值;B 表示纯债价值;C 表示欧式看涨期权价值。

可转债价值 = 纯债价值 + 欧式看涨期权价值

1. 纯债价值定价

按照可转债每年支付的利息及到期还本付息(或因到期赎回)所产生的现金流进行贴现,即得到纯债价值:

$$B = \sum_{n=1}^{N} \frac{I_n}{(1+i)^n} + \frac{FV}{(1+i)^N}$$

其中,B 表示纯债价值;N 表示债券期限;I_n 表示可转债第 n 年支付的利息(每年可能不完全相同);i 为债券贴现率;FV 为可转债到期价值(也称到期赎回价格,或者面值、最后一年利息、到期补偿利息之和)。

2. 欧式看涨期权价值定价

可转债的欧式看涨期权定价公式为:

$$C = S \cdot N(d_1) - Xe^{-r(T-t)} N(d_2)$$

其中:

$$d_1 = \frac{\ln\frac{S}{X} + \left(r + \frac{1}{2} \cdot \sigma^2\right) \cdot (T-t)}{\sigma \cdot \sqrt{(T-t)}}$$

$$d_2 = \frac{\ln\frac{S}{X} + \left(r - \frac{1}{2} \cdot \sigma^2\right) \cdot (T-t)}{\sigma \cdot \sqrt{(T-t)}} = d_1 - \sigma \cdot \sqrt{(T-t)}$$

式中,C 为欧式期权价格;S 为股票现价;$N(x)$ 为标准正态分布变量的累积概率分布函数;X 为转股价格;r 为连续复利计无风险利率;T

为可转债的到期时间；t 为当前时间；σ^2 为可转债收益率变化速度的方差。

五、可转债的会计处理

根据财政部于 2017 年 3 月 31 日印发的《企业会计准则第 22 号——金融工具确认和计量》（财会〔2017〕7 号），可转债属于嵌入衍生金融工具。嵌入衍生工具是指嵌入到非衍生工具（即主合同）中的衍生工具。嵌入衍生工具与主合同构成混合合同。该嵌入衍生工具对混合合同的现金流量产生影响的方式，应当与单独存在的衍生工具类似，且该混合合同的全部或部分现金流量随特定利率、金融工具价格、商品价格、汇率、价格指数、费率指数、信用等级、信用指数或其他变量变动而变动，变量为非金融变量的，该变量不应与合同的任何一方存在特定关系。

（一）可转债初始计量

从金融工具持有人角度看，嵌在可转债中的权益转换权不与主债务工具紧密相关，应与主合同分拆，作为独立的金融工具进行核算。因此，上市公司发行可转债，进行初始确认时，应将可转债中的负债和权益成分进行分拆：一是采用未来现金流量折现法确定负债成分的初始入账价值，折现率为同期发行的同类普通债券（不附选择权的债券）的市场利率；二是按照可转债发行价格总额扣除负债成分初始确认金额后的价值为权益成分初始确认金额，可转换公司债券的发行费用应该在负债成分和权益成分之间按照各自相对公允价值进行分摊。

[例 1-1] 某 A 股上市公司于 2017 年 1 月 1 日，按面值发行 10 亿元可转债。该债券期限为 6 年，票面年利率为 2%，利息按年支付；债券持有者可在债券发行 6 个月后转换上市公司 A 股股票，转股价格为 25 元/股。同期二级市场上与该上市公司可转债类似但没有转股权的普通

债券的市场利率为6%。本次可转债发行费用为1 500万元，扣除发行费用后的款项均已收入银行。

上述案例相关会计处理如下：

（1）负债成分应确认的金额 = 100 000 × 2% × P/A(6%,6) + 100 000 × P/F(6%,6) = 80 330.70（万元）

（2）权益成分应确认的金额 = 100 000 − 80 330.70 = 19 669.30（万元）

（3）负债应分配的发行费用 = 1 500 ÷（80 330.70 + 19 669.30）× 80 330.70 = 1 204.96（万元）

（4）权益应分配的发行费用 = 1 500 − 1 204.96 = 295.04（万元）

会计分录为：

借：银行存款　　　　　　　　　　　　　　　　98 500
　　应付债券——可转换公司债券（利息调整）　20 874.26
　贷：应付债券——可转换公司债券（面值）　　100 000
　　　资本公积——其他资本公积　　　　　　　19 374.26

（二）可转债存续期间付息的会计处理

转股前，可转债负债成分应按照一般公司债券进行相同的会计处理，即根据债券摊余成本与实际利率的乘积确定利息费用计入"财务费用"或相关资产科目，根据债券面值与票面利率的乘积确定实际应支付的利息计入"应付债券——可转换公司债券（应计利息）"或者"应付利息"科目。两者之间的差额作为利息调整进行摊销，计入"应付债券——可转换公司债券（利息调整）"科目。

同［例1-1］，2017年12月31日对负债成分计提利息的会计处理。

相关会计处理如下：

（1）应付利息 = 100 000 × 2% = 2 000（万元）

（2）财务费用 =（100 000 − 20 874.26）× 6% = 4 747.54（万元）

（3）利息调整 = 4 747.54 − 2 000 = 2 747.54（万元）

会计分录为：

借：财务费用 4 747.54
　　贷：应付利息 2 000
　　　　应付债券——可转换公司债券（利息调整） 2 747.54

（三）可转债转股的会计处理

可转债转股期间，投资者选择部分或全部转股，上市公司应按募集说明书约定的条件计算转换的股份数，确定股本增加的金额，计入"股本"科目，同时结转债券账面价值，两者之间的差额计入"资本公积——股本溢价"科目；此外，还要把可转债初始核算分拆确认的"资本公积——其他资本公积"金额一并转入"资本公积——股本溢价"科目。

同［例1-1］，2018年6月30日，可转债持有人将面值为100 000万元申请全部转换为上市公司A股股票，当日证券登记结算公司完成清算和交收。按募集说明书约定，已转股的可转债未支付的应付利息不再支付。

相关会计处理如下：

（1）计提2018年1月1日至2018年6月30日应计利息：

应付利息 = 100 000 × 2% × 6/12 = 1 000（万元）

财务费用 = (100 000 − 20 874.26 + 2 747.54) × 6% × 6/12
　　　　 = 2 456.20（万元）

利息调整 = 2 456.20 − 1 000 = 1 456.20（万元）

会计分录为：

借：财务费用 2 456.20
　　贷：应付利息 1 000
　　　　应付债券——可转换公司债券（利息调整） 1 456.20

（2）编制转股会计分录：

借：应付债券——可转换公司债券（面值） 100 000

应付利息	1 000
贷：应付债券——可转换公司债券（利息调整）	16 670.52
股本	4 000
资本公积——股本溢价	80 329.48
借：资本公积——其他资本公积	19 374.26
贷：资本公积——股本溢价	19 374.26

（四）可转债赎回、回购的会计处理

若可转债中设置了有条件赎回或到期赎回选择权，其在赎回日将未摊销的一次性摊销完毕；对可能支付的利息补偿金，应当在可转债发行日至债券约定赎回届满日期间计提应付利息，并相应计入相关资产成本或财务费用。

同［例 1-1］，2018 年 6 月 30 日，因股价上涨已超过当期转股价格的一定比例，触发募集说明书中约定的有条件赎回条款，且上市公司行使赎回权利，向投资者按 104 元/张赎回其所持可转债（面值 100 元/张），相当于给予投资者一次性 3% 的利率补偿。当日证券登记结算公司完成清算和交收。

相关会计处理如下：

（1）计提 2017 年 1 月 1 日至 2017 年 12 月 31 日应计利息：

借：财务费用	4 456.20
贷：应付利息	1 000
应付债券——可转换公司债券（利息调整）	1 456.20
应付债券——可转换公司债券（利息补偿）	2 000

（2）计提 2018 年 1 月 1 日至 2018 年 6 月 30 日应计利息：

借：财务费用	3 456.20
贷：应付利息	1 000
应付债券——可转换公司债券（利息调整）	1 456.20

　　　　应付债券——可转换公司债券（利息补偿）　　　1 000

（3）赎回时会计分录：

借：应付债券——可转换公司债券（面值）　　　100 000
　　应付债券——可转换公司债券（利息补偿）　　3 000
　　应付利息　　　　　　　　　　　　　　　　　1 000
　　资本公积——其他资本公积　　　　　　　　　19 374.26
　贷：银行存款　　　　　　　　　　　　　　　　104 000
　　　应付债券——可转换公司债券（利息调整）　16 670.52
　　　财务费用　　　　　　　　　　　　　　　　2 703.74

同样，对于附有回售或回购条件的可转债，应做如下的账务处理：

（1）在债券发行日至债券约定赎回或回售日期间按包含利息补偿金的利率进行利息的计提，计提的利息计入"财务费用"或"在建工程"科目。

（2）在上市公司回购或可转换债券持有人回售时，发行人再作如下会计处理：一是计提尚未计提的利息，并将未摊销的利息调整一次性摊销完毕；二是按约定价格回购时，结转"应付债券"科目的账面价值，并按支付的款项贷记"银行存款"科目。

第二章

可转债发行条件及融资优势分析

一、可转债发行条件分析

在目前规范 A 股上市公司可转债的相关法规中，最核心的是《上市公司证券发行管理办法》与《创业板上市公司证券发行管理暂行办法》。前者针对主板和中小板上市公司，后者则针对创业板上市公司，两者对可转债发行人的要求有所不同。之所以出现这种差异，与我国逐步建立多层次资本市场的背景有关。

我国沪深交易所成立之初，并未根据企业发展阶段的不同、行业特性以及风险水平的不同划分不同的上市板块。2003 年 10 月，党的十六届三中全会通过了《中共中央关于完善社会主义市场经济体制若干问题的决定》，指出要"积极推进资本市场的改革开放和稳定发展，扩大直接融资。建立多层次资本市场体系，完善资本市场结构，丰富资本市场产品。规范和发展主板市场，推进风险投资和创业板市场建设"。此后，经国务院批准，中国证监会于 2004 年 5 月批复同意深圳证券交易所在主板市场内设立中小企业板块；2009年5月，中国证券监督管理委员会令第61号《首次公开发行股票并在创业板上市管理暂行办法》出台，同年10月创业板开板，首批28家创业板上市公司股票挂牌交易；2013年12月，国务院发布《关于全国中小企业股份转让系统有关问题的决定》（国发〔2013〕49号），明确全国中小企业股份转让系统，即"新三板"为全国性证券交易场所，主要为创新型、创业型、成长型中小微企业发展服务，至此，我国多层次资本市场已初步建立起来。

与主板和中小板不同，创业板主要服务于创新型、成长型企业以及战略性新兴产业投融资需求，这类企业具有业务模式新、业绩波动大等特点，因此，监管机构对其股权再融资时盈利能力、现金分红能力等要求相对较低。

（一）可转债发行条件

根据《上市公司证券发行管理办法》《创业板上市公司证券发行管理暂行办法》以及《发行监管问答——关于引导规范上市公司融资行为的监管要求》，上市公司发行可转债，须在规范运作、盈利能力、财务状况、偿债能力、募集资金使用等方面满足如表2-1所示的要求。

表2-1 各板块上市公司可转债发行条件

项目	细分指标	主板/中小板	创业板
规范运作	公司治理结构	公司章程合法有效，股东大会、董事会、监事会和独立董事制度健全，能够依法有效履行职责	—
	内部控制	公司内部控制制度健全，能够有效保证公司运行的效率、合法合规性和财务报告的可靠性；内部控制制度的完整性、合理性、有效性不存在重大缺陷	会计基础工作规范，经营成果真实。内部控制制度健全且被有效执行，能够合理保证公司财务报告的可靠性、生产经营的合法性，以及营运的效率与效果

续表

项目	细分指标	主板/中小板	创业板
规范运作	董、监、高适格性	现任董事、监事和高级管理人员不得存在违反《公司法》第一百四十七条、第一百四十八条规定的行为,或者最近36个月内受到中国证监会的行政处罚,最近12个月内受到证券交易所的公开谴责;不得存在因涉嫌犯罪被司法机关立案侦查或者涉嫌违法违规被中国证监会立案调查的情况	
	独立性	上市公司与控股股东或实际控制人的人员、资产、财务分开,机构、业务独立,能够自主经营管理	
	违规担保	上市公司最近12个月内不存在违规对外提供担保的行为	
	资金占用	—	上市公司最近12个月内不存在资金被上市公司控股股东、实际控制人及其控制的其他企业以借款、代偿债务、代垫款项或者其他方式占用的情形
	虚假披露	(1) 最近36个月内财务会计文件无虚假记载; (2) 本次发行申请文件不得有虚假记载、误导性陈述或重大遗漏	
	上市公司违法违规行为	(1) 上市公司最近36个月内不得存在违反证券法律、行政法规或规章,受到中国证监会的行政处罚,或者受到刑事处罚;或违反工商、税收、土地、环保、海关法律、行政法规或规章,受到行政处罚且情节严重,或者受到刑事处罚;或违反国家其他法律、行政法规且情节严重的行为; (2) 上市公司不得存在最近12个月内受到过证券交易所的公开谴责; (3) 上市公司不得存在因涉嫌犯罪被司法机关立案侦查或涉嫌违法违规被中国证监会立案调查; (4) 严重损害投资者的合法权益和社会公共利益的其他情形	
	承诺履行情况	上市公司及其控股股东或实际控制人最近12个月内存在未履行向投资者作出的公开承诺的行为	上市公司最近12个月内未履行向投资者作出的公开承诺

续表

项目	细分指标	主板/中小板	创业板
规范运作	控股股东、实际控制人违法违规	—	上市公司控股股东或者实际控制人最近12个月内不得存在因违反证券法律、行政法规、规章，受到中国证监会的行政处罚，或者受到刑事处罚
盈利能力	连续盈利	最近3个会计年度连续盈利。扣除非经常性损益后的净利润与扣除前的净利润相比，以低者作为计算依据	最近两年盈利，净利润以扣除非经常性损益前后孰低者为计算依据
盈利能力	净资产收益率	最近3个会计年度加权平均净资产收益率平均不低于6%。扣除非经常性损益后的净利润与扣除前的净利润相比，以低者作为加权平均净资产收益率的计算依据	—
盈利能力	持续盈利能力	（1）业务和盈利来源相对稳定，不存在严重依赖于控股股东、实际控制人的情形； （2）现有主营业务或投资方向能够可持续发展，经营模式和投资计划稳健，主要产品或服务的市场前景良好，行业经营环境和市场需求不存在现实或可预见的重大不利变化； （3）高级管理人员和核心技术人员稳定，最近12个月内未发生重大不利变化； （4）公司重要资产、核心技术或其他重大权益的取得合法，能够持续使用，不存在现实或可预见的重大不利变化；	—

续表

项目	细分指标	主板/中小板	创业板
盈利能力	持续盈利能力	（5）不存在可能严重影响公司持续经营的担保、诉讼、仲裁或其他重大事项； （6）最近24个月内曾公开发行证券的，不存在发行当年营业利润比上年下降50%以上的情形	—
财务状况	会计制度	会计基础工作规范，严格遵循国家统一会计制度的规定	—
财务状况	审计意见	最近3年及一期财务报表未被注册会计师出具保留意见、否定意见或无法表示意见的审计报告；被注册会计师出具带强调事项段的无保留意见审计报告的，所涉及的事项对发行人无重大不利影响或者在发行前重大不利影响已经消除	
财务状况	资产质量	资产质量良好。不良资产不足以对公司财务状况造成重大不利影响	—
财务状况	金融资产余额	除金融类企业外，原则上最近一期末不得存在持有金额较大、期限较长的交易性金融资产和可供出售的金融资产、借予他人款项、委托理财等财务性投资的情形	
财务状况	会计核算	经营成果真实，现金流量正常。营业收入和成本费用的确认严格遵循国家有关企业会计准则的规定，最近3年资产减值准备计提充分合理，不存在操纵经营业绩的情形	—
财务状况	现金分红	最近3年以现金方式累计分配的利润不少于最近3年实现的年均可分配利润的30%	最近两年按照上市公司章程的规定实施现金分红
财务状况	资产负债率	—	最近一期末资产负债率高于45%，但上市公司非公开发行股票的除外

续表

项目	细分指标	主板/中小板	创业板
财务状况	债务结构	本次发行后累计公司债券余额不超过最近一期末净资产额的40%	
	付息能力	最近3个会计年度实现的年均可分配利润不少于公司债券1年的利息	
	资信评级	应当委托具有资格的资信评级机构进行信用评级和跟踪评级；资信评级机构每年至少公告一次跟踪评级报告	
偿债能力	担保	（1）上市公司应当提供担保，但最近一期末经审计的净资产不低于人民币15亿元的公司除外； （2）提供担保的，应当为全额担保，担保范围包括债券的本金及利息、违约金、损害赔偿金和实现债权的费用； （3）以保证方式提供担保的，应当为连带责任担保，且保证人最近一期经审计的净资产额应不低于其累计对外担保的金额。证券公司或上市公司不得作为发行可转债的担保人，但上市商业银行除外； （4）设定抵押或质押的，抵押或质押财产的估值应不低于担保金额。估值应经有资格的资产评估机构评估	—
募集资金使用	前募资金使用	不得存在擅自改变前次公开发行证券募集资金的用途而未作纠正	前次募集资金基本使用完毕，且使用进度和效果与披露情况基本一致
	募集资金数额	募集资金数额不超过项目需要量	

续表

项目	细分指标	主板/中小板	创业板
募集资金使用	募投方向	（1）募集资金用途符合国家产业政策和有关环境保护、土地管理等法律和行政法规的规定； （2）除金融类企业外，本次募集资金使用项目不得为持有交易性金融资产和可供出售的金融资产、借予他人、委托理财等财务性投资，不得直接或间接投资于以买卖有价证券为主要业务的公司； （3）投资项目实施后，不会与控股股东或实际控制人产生同业竞争或影响公司生产经营的独立性	
	专户监管	建立募集资金专项存储制度，募集资金必须存放于公司董事会决定的专项账户	

（二）可转债发行条件解析

可转债的上述发行条件规定得较为详细，但在实务操作中，还需要注意以下几个指标的具体规定：

1. 可转债发行规模计算

若不考虑募集资金投资项目所需融资额，上市公司计算本次可转债的发行规模上限时，最近一期末净资产是上市公司母公司口径还是合并口径？是否包含少数股东权益？是否须经审计？

从证监会的审核口径来看，最近一期末净资产应指合并口径下归属于母公司所有者权益，且最近一期报表不需要审计或审阅。2016—2017年的审核案例中，国泰君安转债、水晶光电转债的保荐机构均被证监会要求核查"本次发行是否符合《上市公司证券发行管理办法》第十四条第（二）项'本次发行后累计公司债券余额不超过最近一期末净资产额的百分之四十'的规定"；朗玛信息转债则被证监会直接指出"计算'累计债券余额不超过净资产的百分之四十'应按照合并口径下归属于母公司的净资产作为计算基数，本次债券发行金额不符合上述要求，请予以调整"。

影响可转债发行规模的另一个重要因素是"累计公司债券余额",即在计算可转债发行规模时,应在合并口径下归属于母公司所有者权益的40%的基础上,扣除最近一期末公司债券余额。这里的公司债券包括所有公开和非公开发行的债务融资工具,不包括次级债、永续债和一年期以下的债务融资工具(例如短期融资券、超短期融资券等)。而计算上述公司债券的"累计公司债券余额"的具体金额时,应按照其账面余额(摊余价值)而非债券面值来计算。国泰君安转债、无锡银行转债、吉视传媒转债、太阳纸业转债等均在其书面反馈意见回复中采用了公司债券的摊余价值来计算累计债券余额,但也有例外,中原证券转债在其书面反馈意见中则直接采用的是债券面值。对于上市公司控股子公司发行的公司债券,其"累计公司债券余额"可按照上市公司持股比例计算。

2. 金融资产余额

根据《发行监管问答——关于引导规范上市公司融资行为的监管要求》,上市公司申请再融资时,除金融类企业外,原则上最近一期末不得存在持有金额较大、期限较长的交易性金融资产和可供出售的金融资产、借予他人款项、委托理财等财务性投资的情形,具体该如何把握审核尺度?实务操作中,监管机构对金融资产余额的解释口径如下:

(1)金额较大:指相对于募集资金而言,财务性投资超过募集资金金额的;或者对于虽然没超过募集资金,但是金额也较大的;或历史上就持有该股权,也不准备出售的,将结合具体情况,审慎关注。

(2)期限较长:指1年以上,或者虽然不超过1年,但是一直滚存使用的。

(3)发生期间:指本次发行董事会决议前6个月,到本次发行完成。

3. 前次募集资金使用

创业板上市公司发行可转债,要求其"前次募集资金基本使用完毕,且使用进度和效果与披露情况基本一致",那么募集资金使用进度如何可视为基本使用完毕?实现效益与披露情况多大差异范围内可视为基本一致？实务操作中，通常认为前次募集资金使用超过其募集资金总额的70%，且实现效率达到前次融资的招股说明书或募集说明书披露效益的50%即满足条件。

二、可转债融资优势分析

目前A股上市公司再融资方式，大体上分为三类：一是股权融资工具，包括公开增发（向不特定对象公开募集股份）、配股（向原股东配售股份）和定增（非公开发行股票）；二是债权融资工具，包括公司债、短期融资券、中期票据等；三是属于两者之间的混合型融资工具，包括可转债、分离交易可转债和优先股（见图2-1）。

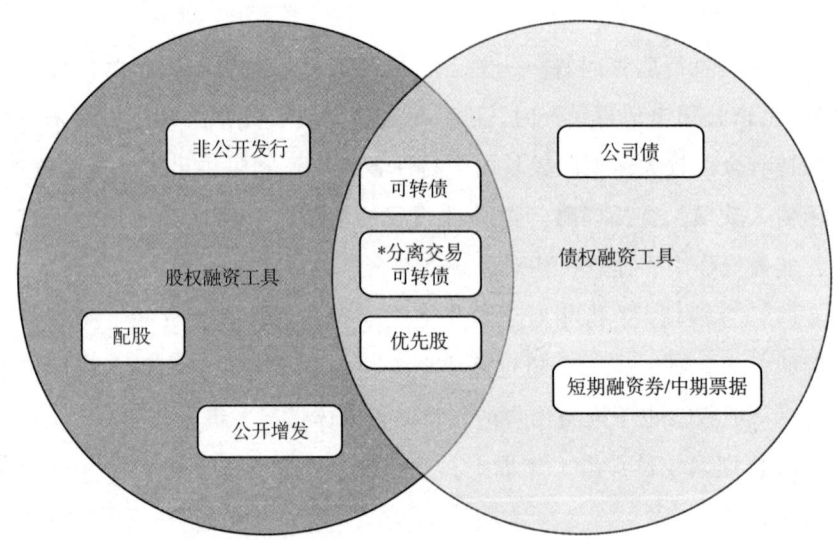

图2-1　A股上市公司再融资方式概览

其中，分离交易可转债是指上市公司公开发行的认股权和债券分离交易的可转换公司债券。分离交易可转债由于发行条件相对可转债较低、可以实现一次审批两次融资、大幅降低发行人债权融资成本以及可以发行较长期限的债券等优势，成为上市公司重要的再融资方式之一。但自 2006 年 11 月马钢股份（600808.SH）发行 A 股市场上第一只分离交易可转债，至 2009 年 8 月四川长虹（600839.SH）发行最后一只分离交易可转债，不到 3 年的时间仅有 21 家上市公司合计募集资金 1 070.130 亿元（包括债券和权证两次融资）后就被监管机构叫停，其主要原因是认股权证上市后借助"T+0"的交易制度，价格被疯狂炒作而发生暴涨暴跌，造成中小投资者出现亏损，即便监管机构为对冲市场炒作而推出券商创设认沽权证的制度也无济于事，导致最终被监管机构放弃。

优先股是指依照《中华人民共和国公司法》，在一般规定的普通种类股份之外，另行规定的其他种类股份，其股份持有人优先于普通股股东分配公司利润和剩余财产，但参与公司决策管理等权利受到限制。优先股是在《国务院关于开展优先股试点的指导意见》（国发〔2013〕46 号）指导下，证监会于 2014 年 3 月 21 日以《优先股试点管理办法》（证监会令第 97 号）正式推出。虽然自 2014 年 11 月农业银行（601288.SH）发行 A 股市场第一只优先股以来，至 2017 年 12 月 31 日已有 30 只优先股完成发行，募集资金总额达 4 860.50 亿元，但由于《优先股试点管理办法》中明确了"上市公司不得发行可转换为普通股的优先股。但商业银行可根据商业银行资本监管规定，非公开发行触发事件发生时强制转换为普通股的优先股，并遵守有关规定"，且根据《企业会计准则第 22 号——金融工具确认和计量》，计入公司权益类的优先股必须采取非公开发行方式，导致优先股流动性不强、融资成本较高，从而大大降低了其对上市公司和投资者的吸引力。实际上，已发行的 30 只优先股中，70% 为银行类上市公司发行，非银行类上市公司中仅有中国建筑（601668.SH）、中国交建（601800.SH）、中国电建（601669.SH）、康美药业（600518.SH）、中原高速（600020.SH）和晨鸣纸业（000488.SZ）等 6 家蓝筹公司发行，共募集资金 424 亿元，仅占全部优先股募集资金总额的 8.72%。

公开增发方式下，发行价格定价原则为"应不低于公告招股意向书前二十个交易日公司股票均价或前一个交易日的均价",在股价处于上行趋势时,发行价格较二级市场价格有一定的折扣,且新增股票没有限售期,上市当天即可公开交易(持股比例在5%以上的股东以及董、监、高①所持股票除外),因此,公开增发在牛市环境下容易受到投资者欢迎;但在股价处于下跌趋势时,发行价格和二级市场交易价格将存在倒挂,因此,发行失败的风险较大。实际上,自2014年5月沧州大化(600230.SH)完成公开增发以来,至2017年底市场再无新的案例出现;而自2006年5月申能股份(600642.SH)完成第一单公开增发至2014年5月的8年期间,A股上市公司公开增发共计106单,募集资金仅有2 299.73亿元(详见图2-2、图2-3)。

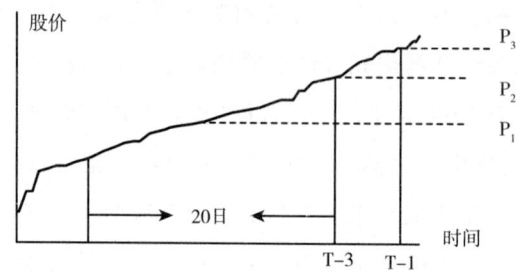

图2-2 股价上行趋势下发行定价情况

P_1:发行前20日均价;P_2:发行价格;P_3:发行前1日均价

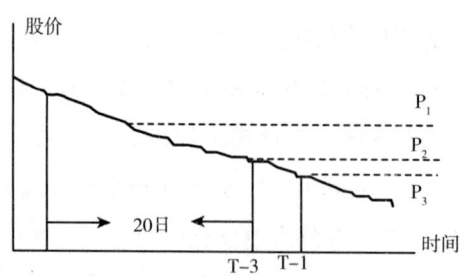

图2-3 股价上行趋势下发行定价情况

P_1:发行前20日均价;P_2:发行价格;P_3:发行前1日均价

---

① 董事、监事、高级管理人员。

鉴于上述，我们仅将可转债与配股、定增和普通公司债券等四类常见再融资方式进行比较（见表2-2），以此发现各种融资工具的特点。

表2-2　　　　　　　A股上市公司再融资方式比较

项目	可转债	公司债券	配股	定增
融资规模	◆发行后累计债券余额不超过最近一期末净资产的40%，且募集资金不超过项目需要量	◆发行后累计债券余额不超过最近一期末净资产的40%	◆拟配售股份数量不超过本次配售股份前股本总额的30%，且募集资金不超过项目需要量	◆拟发行的股份数量不得超过本次发行前总股本的20%，且募集资金不超过项目需要量
发行价格/转股价格	◆不低于募集说明书公告日前20个交易日该公司股票交易均价和前一交易日的均价	◆按面值发行	◆无具体要求	◆发行价格不低于定价基准日前20个交易日公司股票均价的90%，定价基准日为本次非公开发行股票发行期的首日
募集资金投向	◆除用于具体募集投资项目外，最多允许有30%用于补充流动资金或偿还贷款	◆通常用于补充流动资金、偿还银行贷款等	◆除用于具体募集投资项目外，可100%用于补充流动资金或偿还贷款	◆除用于具体募集投资项目外，最多允许有30%用于补充流动资金或偿还贷款
融资成本	◆由于内含期权价值，融资成本相对较低	◆主要受发行主体资信评级、期限结构及市场利率等的影响，融资成本相对较高	◆无付息成本，原股东参与配售则持股比例不变，但通常以短期内摊薄每股收益为代价	◆无付息成本，但通常以稀释股权、短期摊薄每股收益为代价
业绩摊薄	◆业绩摊薄较为缓和、渐进	◆无业绩摊薄压力	◆短期有业绩摊薄压力	◆短期有业绩摊薄压力
发行风险	◆由于有债券价值托底，发行失败风险相对较小	◆主要受资信评级和市场利率影响，市场利率高企则容易导致发行人放弃发行	◆原股东认购股票的数量未达到拟配售数量70%的，将导致发行失败	◆发行人业绩表现不佳或业务发展前景不理想，或发行前股价表现不佳，都可能导致发行失败

总之，相比于其他几种融资方式，可转债融资具备如下几方面的优势：

1. 发行条款灵活

可转债条款的设计具有很大的适应性与灵活性，例如转股价格、转股期间、转股价格向下修正条款、赎回权、回售权等，在满足发行人的融资性质（偏股型还是偏债型）、融资成本、业绩摊薄等利益诉求的同时，也能兼顾投资者的利益。

2. 票面利率较低

相比于普通公司债券，可转债内含转股期权，因此其票面利率往往低于该发行人发行的普通公司债券的利率，也低于发行人同期的银行贷款利率，且随着期权价值的增加，可转债票面利率还可更低。

3. 股权稀释和业绩摊薄较小

可转债的转股价格不低于发行前1日和前20日交易均价，甚至可以溢价发行，因此转股后新增股票数量相比于同等募集资金下折扣发行的定增或配股，新增股票数量较少，从而对原股东股权稀释和对发行人业绩摊薄均较小。并且，由于可转债转股时点较为缓和、渐进，其对业绩的摊薄也较为渐进。

4. 发行风险较小

可转债发行门槛较高，业绩优良的上市公司才具备发行资格；且其兼具股性和债性，对投资者来说，投资可转债既可拥有纯债价值托底的安全性，又可享受股价上涨带来的超额收益，即便出现股价下跌且发行人兑付困难，还可通过转股价格的向下修正来实现转股退出。因此，该产品对投资者具有较大的吸引力，发行风险也相对较小。

第三章

可转债发行申报与审核

一、可转债发行方案分析

在满足可转债发行条件的情况下,确定发行方案是上市公司和投资银行执行项目的第一步,也是决定后续监管审核能否通过的关键一步。发行方案中,涉及发行规模、债券期限、票面利率、债券信用评级、担保条款、回售条款、到期赎回条款等债性条款,以及转股价格及其调整、转股期限、有条件赎回条款、转股价格向下修正条款、向原股东配售的安排等股性条款。此外,本次发行的募集资金投资项目安排也非常重要。各发行条款的内涵如下:

(一)债性条款

1. 发行规模

关于可转债的发行规模,在前文可转债发行条件分析中详细说明过,但还需要注意的是,发行规模与发行人本次募集资金投资项目(以下简称"募投项目")的资金需要量相匹配。其中,募集资金可以有部分用于补充流动资金或偿还银行贷款。

2. 债券期限

根据相关规定,主板和中小板上市公司的可转债发行期限最短为一年,最长为6年,创业板上市公司的可转债发行期限仅规定了最短为一年,无最长期限限制。可转债期限的设置,需要考虑如下几个方面的因素:

(1)发行人还本付息的资金安排。本次发行募集资金使用目的是为了进行短期资金周转还是中长期资金安排,如为前者,则可将可转债期限设置为2—3年,此时预期未来现金流足以满足到期的本息兑付;但从可转债发行条件中对募投项目的要求及实际安排来看,本次发行募集资金使用目的通常为后者,即进行中长期的固定资产投资,因此,可转债期限不宜过短,避免短债长投,给上市公司带来兑付风险。

(2)募投项目业绩释放时间。通常来说,每次发行的募集资金都将投入到能提高公司盈利能力的项目中去,募投项目达产后的业绩释放则将增厚公司每股收益,从而有助于提升股价、促进可转债投资者转股。因此,募投项目的投资进度及其业绩释放时间,是设置可转债期限的重要考虑因素之一。

(3)经济周期和产业周期。受科技创新周期、政治性周期、货币调控周期、投资周期等因素影响,经济运行会出现扩张和收缩的周期性波动。短周期又被称为基钦周期,通常运行3—4年;中周期被称为朱格拉周期,通常运行9—10年;长周期被称为康德拉季耶夫周期,通常运行50—60年。同样,每个产业也都会经历一个由初创阶段、成长阶段、成熟阶段和衰退阶段的演变过程。受经济周期和产业周期的影响,像有色、钢铁、煤炭、化工、工程机械等强周期行业的上市公司的业绩表现将会出现周期性波动,这种波动最终会反映在股价表现上。因此,可转债期限的设置也应考虑经济周期和产业周期，以便在业绩上升周期促使投资者转股。

（4）股市波动周期。股市是经济的晴雨表，经济的周期性波动会在股市提前反映，从而影响个股表现。但股市除受宏观经济影响外，资金面的松紧、投资者的情绪、股票发行和交易制度等因素也会对股市产生影响。例如，2008年，国内生产总值同比增长9%，但受全球金融危机影响，上证指数下跌65.39%；2010年和2011年，国内生产总值同比分别增长10.3%和9.2%，但受股指期货推出、国内进入加息周期等因素影响，上证指数则分别下跌14.31%和21.68%。因此，可转债期限的设置还需要考虑股市波动周期，尽量使得可转债的转股期间涵盖一个股票牛市。

（5）票息成本。从可转债的估值公式看，期限越长，期权价值越高。但根据利率期限结构理论中的流动性偏好假说，债券期限越长，票面利率也将越高。因此，可转债期限的设置需要在期权价值和票息成本之间进行权衡，在满足投资者偏好的情况下，尽量使得发行人利益最大化。

综合上述因素，实际操作过程中，无论是主板、中小板还是创业板上市公司，通常都选择将可转债的期限设置为5年或者6年。

3. 票面利率

公开发行可转债的利率可由发行公司与主承销商协商确定，但必须符合"国家的有关规定"。追本溯源，"国家的有关规定"即指《中华人民共和国证券法》第十六条，"公开发行公司债券，债券的利率不超过国务院限定的利率水平"。而关于"国务院限定利率水平"的具体规定，深圳证券交易所在其官方网站的问答中，认为可参考《最高人民法院关于人民法院审理借贷案件的若干意见》（以下简称《若干意见》）中第六条关于民间借贷最高不得超过银行同类贷款利率的4倍的相关内容。不过《若干意见》已被2015年9月1日起施行的《最高人民法院关于审理民间借贷案件适用法律若干问题的规定》（以下简称《若干问题的规定》）

废止，取而代之的是《若干问题的规定》第二十六条的规定，"借贷双方约定的利率未超过年利率24%，出借人请求借款人按照约定的利率支付利息的，人民法院应予支持"。以此可见，公开发行可转债的利率最高不超过每年24%。

与普通债券通常采用固定利率不同，可转债的票面利率基本上都设置成累进利率，即票面利率逐年提高，可将其视为对持有期较长的投资者给予的流动性补偿。从2014—2016年发行的可转债来看，截至2017年12月31日已有48%全部完成了转股，转股完成日与其上市日的平均间隔为339天，与其转股起始日的平均间隔为169天，其中东方转债（110027.SH）、洛钼转债（113501.SH）、国金转债（110025.SH）和浙能转债（110029.SH）更是在转股起始日后2个月内即基本完成转股（见表3-1）。因此，前几年较低的票面利率对可转债发行人而言极为重要，后续逐年提高的票面利率在大多数情况下则并无实质影响。

4. 债券信用评级

根据相关规定，公开发行可转债应当委托具有资格的资信评级机构进行信用评级和跟踪评级，资信评级机构每年至少公告一次跟踪评级报告。

债券信用评级（Bond Credit Rating）是以企业或经济主体发行的有价债券为对象进行的信用评级。债券信用评级大多是企业债券信用评级，是对具有独立法人资格企业所发行的某一特定债券，按期还本付息的可靠程度进行评估，并标示其信用程度的等级。进行债券信用评级一方面原因是方便投资者进行债券投资决策，包括根据跟踪评级报告进行买卖决策。另一方面，进行债券信用评级也是为了减少信誉高的发行人的筹资成本，一般来说，资信等级越高的债券，越容易得到投资者的信任，能够以较低的利率出售；而资信等级低的债券，风险较大，只能以较高的利率发行。

表 3-1　2014—2017 年完成退市的可转债转股时长统计

转债代码	转债名称	发行规模（亿元）	上市日期	转股起始日	停止转股日	摘牌日	上市日至停止转股日（天）	转股起始日至停止日（天）
128011.SZ	汽模转债	4.20	2016/3/24	2016/9/9	2017/8/17	2017/8/17	503	334
110035.SH	白云转债	35.00	2016/3/15	2016/9/5	2017/6/6	2017/6/13	448	274
128009.SZ	歌尔转债	25.00	2014/12/26	2015/6/19	2017/6/30	2017/7/10	917	742
113501.SH	洛钼转债	49.00	2014/12/16	2015/6/2	2015/7/9	2015/7/16	205	37
110029.SH	浙能转债	100.00	2014/10/28	2015/4/13	2015/5/26	2015/6/5	210	43
128008.SZ	齐峰转债	7.60	2014/10/10	2015/3/20	2015/6/8	2015/6/16	241	80
113007.SH	吉视转债	17.00	2014/9/25	2015/3/6	2015/7/7	2015/7/15	285	123
128007.SZ	通鼎转债	6.00	2014/9/5	2015/2/25	2015/7/7	2015/7/20	305	132
110028.SH	冠城转债	18.00	2014/8/1	2015/1/19	2015/4/23	2015/4/29	265	94
110027.SH	东方转债	40.00	2014/7/25	2015/1/12	2015/2/16	2015/2/27	206	35
128006.SZ	长青转债	6.32	2014/7/9	2014/12/29	2015/4/16	2015/4/24	281	108
110025.SH	国金转债	25.00	2014/6/3	2014/11/21	2014/12/29	2015/1/9	209	38
128005.SZ	齐翔转债	12.40	2014/5/13	2014/10/27	2015/6/3	2015/6/15	386	219
128004.SZ	久立转债	4.87	2014/3/14	2014/9/4	2014/12/24	2015/1/5	285	111
平均							339	169

资料来源：Wind，截至 2017 年 12 月 31 日。

债券信用评级分为主体评级和债项评级,主体评级主要针对债券发行主体,其等级主要由发行人(或债务人)的信用水平决定,债项评级是在假设发行人已经违约的情况下,针对每笔债项本身的特点预测债项可能的损失率。一个发行人只能有一个主体评级,而其发行的不同债券可能会有不同的债项评级,差别主要在于不同债券是否有增信措施以及增信措施的不同。例如,信用债由于没有任何增信措施,其债券信用评级等于主体信用评级;若债券提供了第三方担保,则根据担保人的主体信用等级来确定增信作用;若债券提供了资产抵押或质押,则根据抵质押物的市场价值和变现能力来确定增信作用,目前市场上较为常用的抵质押方式是土地、房产、股票、应收账款等增信方式。

债券信用评级通常分为 A、B、C、D 等四个等级。其中,A 类是最高级别的债券,其具有发行主体受经济形势影响的程度较小、债券安全性最高、票息水平较低等特点;B 级债券的发行主体偿还债务的能力一般或较弱,受不利经济环境影响较大,有一定或较高违约风险,票息较高;C 级债券一般被认为发行人极度依赖于良好的经济环境,违约风险极高,或在破产或重组时可获得的保护较小,基本不能保证偿还债务;D 级债券则表示该类债券是属违约性质,根本无还本付息希望。

由于有期权价值的存在,尤其是处于高成长阶段的上市公司发行的可转债,所含期权价值较大,可转债的债券信用等级对其票面利率的影响并不显著。实际上,2006 年至 2017 年共 12 年期间,A 股上市公司共发行了 125 只可转债,其中 13 只评级为 AA−,51 只评级为 AA,24 只评级为 AA+,37 只评级为 AAA。首年平均票面利率则分别为 0.72%、0.57%、0.57% 和 0.83%,考虑到期补偿之后的年平均利率分别为 2.31%、2.13%、2.12% 和 2.34%。可见,可转债票息并未像普通债券一样,随着债券信用等级的提升而降低。

5. 担保条款

根据相关规定,最近一期末经审计的净资产低于人民币 15 亿元的主板和中小板上市公司，公开发行可转债应当提供担保，创业板上市公司则无强制担保要求。担保人为上市公司可转债提供担保，应当为全额担保，担保范围包括债券的本金及利息、违约金、损害赔偿金和实现债权的费用；以保证方式提供担保的，应当为连带责任担保，且保证人最近一期经审计的净资产额应不低于其累计对外担保的金额。证券公司或上市公司不得作为发行可转债的担保人，但上市商业银行除外。设定抵押或质押的，抵押或质押财产的估值应不低于担保金额，估值应经有资格的资产评估机构评估。

从 2006—2017 年发行的 125 只可转债来看，37 只提供了担保。为可转债提供担保的原因主要分为三类：

第一类，为了满足可转债发行条件。近期案例有永东转债（128014. SZ）、嘉澳转债（113502. SH）、泰晶转债（113503. SH）等，这类可转债主体评级为 A+，披露发行预案前的最近一期末经审计的净资产低于 15 亿元。

第二类，为了提高债券信用等级、降低发行成本。近期案例有航信转债（110031. SH）、航电转债（110042. SH）等，这类可转债主体评级为 AA+，增信后债券信用评级为 AAA。

第三类，为了满足保险机构投资者对投资标的的要求。2012 年 7 月之前，保险机构根据《保险机构投资者债券投资管理暂行办法》的规定进行可转债投资，要求可转债具备下列条件：

（1）担保人的资信不得低于债券发行人的信用级别；

（2）提供明确的偿债计划和担保合同。

简单说，保险机构只能投资有担保的可转债。因此，石化转债（110015. SH）在发行人中国石化主体评级已为 AAA 的情况下，仍选择由中国石化集团公司提供担保。类似的案例还有国投转债（110013. SH）、国电转债（110018. SH）等。2012 年 7 月 16 日，中国保险监督管理委员会发布《保险资金投资债券暂行办法》，放松了保险机构对可转债的投资，对无担保的可转债，只要达到最新经审计的净资产不低于 20 亿元人民币以及具有国内信用评级机构评定的 AA 级或者相当于 AA 级以上的长期信用级别即可。此后，市场再无主体评级为 AAA 的上市公司为其可转债提供担保的案例。

可转债的担保人通常为上市公司控股股东、实际控制人，担保方式为连带责任保证担保，或采取保证担保和股票质押担保相结合的方式，例如永东转债（128014.SZ）和特一转债（128025.SZ）的控股股东（实际控制人）除为上市公司发行的可转债提供连带保证责任担保外，还以其所持有的上市公司股票进行质押担保。在 2006—2007 年期间，也有上市公司采用商业银行担保的方式，例如上电转债（110021.SH）、赤化转债（110227.SH）、五洲转债（110368.SH）等。

可转债担保合同约定的担保期间通常为可转债的存续期及债券到期之日起两年或主债权履约期限届满之日，而根据《中华人民共和国担保法》规定，连带责任保证的保证人与债权人未约定保证期间的，债权人有权自主债务履行期届满之日起 6 个月内要求保证人承担保证责任。

6. 回售条款

根据相关规定，可转债可以约定回售条款，规定债券持有人可按事先约定的条件和价格将所持债券回售给上市公司，但上市公司改变公告的募集资金用途的，则应当赋予债券持有人一次回售的权利。因此，可转债通常会设置有条件回售条款和附加回售条款来保护债券持有人的利益，具体内容通常表述如下：

（1）有条件回售条款[①]：在本次发行可转债的最后〔两个〕计息年度内，如果公司股票价格在任意连续〔30 个〕交易日的收盘价格低于当期转股价格的〔70%〕时，可转债持有人有权将其持有的可转债全部或部分按面值加当期应计利息的价格回售给公司，回售权利每个计息年度只能行使〔一次〕。

---

① 本条款中〔〕内的具体数字可以根据市场和上市公司实际情况灵活设置。

(2) 附加回售条款。若本次发行可转债募集资金运用的实施情况与公司在募集说明书中的承诺相比出现变化，该变化被中国证监会认定为改变募集资金用途的，可转债持有人享有一次以面值加上当期应计利息的价格向公司回售本次发行的可转债的权利。在上述情形下，可转债持有人可以在公司公告后的回售申报期内进行回售，该次回售申报期内不实施回售的，自动丧失该回售权。除此之外，可转债不可由持有人主动回售。

有条件回售条款相当于赋予债券持有人一个看跌期权，即当正股价格相对于转债价格下跌幅度过大（例如下跌30%及以上），短期内回升无望，投资者可以约定的价格回售给发行人，提前收回本金和一定利息，减少资金的机会成本，同时也避免了因所持有的可转债价格下跌造成的账面浮亏。因此，有条件回售条款是可转债给予投资者除了到期兑付本息之外的另外一重安全性保障，尤其在宏观经济周期性波动，或者上市公司所处行业周期性波动比较大的情况下，更能彰显可转债攻守兼备的优势。

反过来，有条件回售条款由于提高了可转债的债券价值，那么相应的可以降低其票面利率，从而可以适当降低上市公司融资成本。不利的一面是，有条件回售条款对上市公司的资金安排造成了一定的不确定性，甚至可能使得本意为长期使用的募集资金被迫变为短期资金，大大增加上市公司的还款压力。因此，有条件回售条款通常只在最后两个计息年度内有效，给予债券持有人更长期限的回售期权对上市公司不利，较短期限则回售期权价值过小，不利于提升可转债的价值；特别地，当有条件回售条款生效时间离可转债到期时间越近，则对债券持有人来说越无吸引力——债券持有人完全可以通过持有到期实现退出。当然，可转债毕竟还有一个重要的特点是条款的灵活性——上市公司可以在即将触发有条件回售条款时，通过召开股东大会，将转股价格向下修正到当前市价，从而避免触发回售义务。此时，可转债的转股期权价值也得到了提升,理论上可转债交易价格也会大幅回升,甚至重返面值之上。此时,债券持有人虽然丧失了回售权利,但因可转债交易价格的回升,也将额手相庆、乐见其成。

7. 到期赎回条款

根据相关规定,可转债可以约定赎回条款,规定上市公司可按事先约定的条件和价格赎回尚未转股的可转债。赎回条款的触发可以与上市公司股价挂钩,也可以与债券余额挂钩,还可以是因投资者被动持有债券至到期(设置到期赎回条款)。

通常来看,债券到期本应由发行人兑付本金及最后一期利息,为何上市公司要通过设置到期赎回条款的方式赎回投资者所持有的可转债,而且赎回价格高于可转债面值和当期应计利息之和?其内在逻辑是,上市公司给予被动持有至到期的可转债的投资者一次流动性补偿,弥补后者在可转债持有期间仅获得较低的票息收入。

常见的到期赎回条款是强制性条款,一旦可转债到期,发行人必须履行赎回义务。表面上看,到期赎回条款增加了可转债的发行成本,但实际上是发行人对债券存在期内付息节奏的一种策略性安排,通过累进利率方式,将本应在前期支付的利息后置至到期,且因可转债较大概率上会在到期之前全部完成转股,上市公司实际承担到期赎回义务的可能性很小。

从另一个角度看,到期赎回条款的设置提高了可转债的纯债价值,一定程度上增强了其对投资者的吸引力。

(二)股性条款

1. 转股价格及其调整

可转债的转股价格,即事先约定的可转债转换为上市公司每股股份所支付的价格。根据相关规定,转股价格应不低于募集说明书公告日前20个交易日该公司股票交易均价和前一交易日的均价(以下简称"发行底价")。同时,为了区分后续经调整或修正后的转股价格,发行时确定的转股价格通常被称为初始转股价格。

转股价格相当于转股期权的执行价格,若初始转股价格相对于发行底价溢价越高,则可转债未来转股的难度越大,期权价值也就越低,相应地,发行人需要提高票面利率或者到期赎回价格来提高纯债价值,以保持可转债整体价值的不变。因此,初始转股价格相对于发行底价溢价越高,可转债的债券属性更强。

从 A 股上市公司的融资意图而言,发行可转债更多的是为了进行股权融资,除非股价被严重低估,否则还是希望投资者尽快实现转股,从而将可转债的募集资金变为可长期使用的资金。因此,从 A 股可转债案例看,2014 年以来溢价发行的案例较少,溢价最高的是三一转债(110032.SH),其初始转股价格相对发行底价溢价 13.29%。

根据相关规定,主板和中小板上市公司发行的可转债还应当约定因配股、增发、送股、派息、分立及其他原因引起上市公司股份变动时,转股价格调整的原则及方式;创业板上市公司发行的可转债在其增发时,转股价格无需调整。通常,调整公式如下:

$$送红股或转增股本:P_1 = \frac{P_0}{(1+n)}$$

$$增发新股或配股:P_1 = \frac{P_0 + A \times k}{(1+k)}$$

$$上述两项同时进行:P_1 = \frac{P_0 + A \times k}{(1+n+k)}$$

$$派送现金股利:P_1 = P_0 - D$$

$$上述三项同时进行:P_1 = \frac{P_0 - D + A \times k}{(1+n+k)}$$

其中:P_0 为调整前转股价;n 为送股或转增股本率;k 为增发新股或配股率;A 为增发新股价或配股价;D 为每股派送现金股利;P_1 为调整

后转股价。

需要注意的是，上市公司因实施股权激励新增股份也需要调整转股价格，但上市公司回购注销社会公众股或限制性股票是否需要调整转股价格则未见明确规定。不过蓝标转债（123001.SZ）于 2018 年 2 月 6 日因注销股权激励的限制性股票而对转股价格进行调整，即由 9.77 元/股上调至 9.81 元/股。

2. 转股期限

转股期限即可转债投资者有权选择转股的期间，或者说是转股期权可执行的期间。根据相关规定，可转债自发行结束之日起 6 个月后方可转换为公司股票，转股期限由公司根据可转换公司债券的存续期限及公司财务状况确定。

转股期限越长，可转债转股期权价值越大，债券持有人转股的可能性越大。因此，上市公司通常将可转债的转股期限设置为"自发行结束之日起满六个月后的第一个交易日起至可转换公司债券到期日止"。

3. 有条件赎回条款

有条件赎回条款分为与上市公司股价挂钩的条款和与债券余额挂钩的条款，具体内容通常表述为：转股期内，当下述两种情形中任意一种情形出现时，公司有权按照债券面值的〔103%〕① （含当期计息年度利息）赎回全部或部分未转股的可转换公司债券：（1）在转股期内，公司股票连续〔30 个〕交易日中至少〔15 个〕交易日的收盘价格不低于当期转股价格的〔130%（含 130%）〕；（2）本次发行的可转换公司债券未转股余额不足人民币 3 000 万元（含）时。

发行人设置与股价挂钩的赎回条款的目的并不真正是为了赎回债券持有人所持的可转债，而是促使投资者尽快转股，以实现股权融资，降低资产负债率，并给其他债券融资留足空间的目的。实际上，根据《上

---

① 本条款中〔〕内的具体数字可以根据市场和上市公司实际情况灵活设置。

海证券交易所股票上市规则》规定，上市公司应当在满足可转换公司债券赎回条件的下一交易日发布公告，明确披露是否行使赎回权。如决定行使赎回权的，公司还应当在赎回期结束前至少发布3次赎回提示性公告，公告应当载明赎回程序、赎回价格、付款方法、付款时间等内容。《深圳证券交易所可转换公司债券业务实施细则》（2017年9月修订）还要求发行人行使赎回权时，应当将该事项提交董事会审议并予公告，公司章程或者募集说明书另有约定的除外。因此，即便因股价上涨导致可转债触发有条件赎回条款，一方面，发行人有权决定行使赎回权，也有权决定不行使；另一方面，发行人行使赎回权还需要履行一定的程序，在被赎回之前投资者有较为充分的时间选择转股。

有投资者可能会担心，将"上市公司股票连续30个交易日中至少15个交易日的收盘价格不低于当期转股价格的130%"作为有条件赎回条款的触发点，是否会将投资者投资可转债的绝对收益率限制在30%？从2014年以来完成退市的14只可转债案例来看，因触发有条件赎回条款导致债券持有人被动转股，转股的平均投资收益率为63.89%（假设投资者所持可转债均为发行阶段通过参与认购获得，不考虑从二级市场买入）。可见，将正股价格高于当期转股价格的30%作为有条件赎回条款的触发点并未完全限制投资者的收益率（见表3-2）。

发行人在设置与债券余额挂钩的赎回条款时，为何约定"未转股余额不足人民币3 000万元（含）时"为触发时点？门槛可以更高或更低吗？这实际上是根据交易所关于可转债"流动面值少于人民币3 000万元时，自发行人发布相关公告三个交易日后停止交易"的规定设置的一个条款，因此，门槛不能降低，但是否可以提高？例如未转股余额不足人民币5 000万元（含）时发行人行使赎回权？理论上看是可以的，毕竟《证券法》《股票上市规则》《深圳证券交易所可转换公司债券业务实施细则》等相关法规规定，公司申请公司债券上市交易"实际发行额不少于人民币五千万元""可转换公司债券实际发行额不少于人民币五千万元"。

表 3-2　2014—2017 年完成退市的可转债转股溢价情况统计表

转债代码	转债名称	发行规模（亿元）	上市日期	转股起始日	停止转股日	摘牌日	停止转股日正股价格相对当期转股价格的溢价率（%）
128011.SZ	汽模转债	4.20	2016-3-24	2016-9-9	2017-8-9	2017-8-17	21.29
110035.SH	白云转债	35.00	2016-3-15	2016-9-5	2017-6-6	2017-6-13	39.09
128009.SZ	歌尔转债	25.00	2014-12-26	2015-6-19	2017-6-30	2017-7-10	47.85
113501.SH	洛钼转债	49.00	2014-12-16	2015-6-2	2015-7-9	2015-7-16	27.90
110029.SH	浙能转债	100.00	2014-10-28	2015-4-13	2015-5-26	2015-6-5	66.08
128008.SZ	齐峰转债	7.60	2014-10-10	2015-3-20	2015-6-8	2015-6-16	102.94
113007.SH	吉视转债	17.00	2014-9-25	2015-3-6	2015-7-7	2015-7-15	6.15
128007.SZ	通鼎转债	6.00	2014-9-5	2015-2-25	2015-7-7	2015-7-20	150.78
110028.SH	冠城转债	18.00	2014-8-1	2015-1-19	2015-4-23	2015-4-29	80.16
110027.SH	东方转债	40.00	2014-7-25	2015-1-12	2015-2-16	2015-2-27	60.08
128006.SZ	长青转债	6.32	2014-7-9	2014-12-29	2015-4-16	2015-4-24	44.29
110025.SH	国金转债	25.00	2014-6-3	2014-11-21	2014-12-29	2015-1-9	97.00
128005.SZ	齐翔转债	12.40	2014-5-13	2014-10-27	2015-6-3	2015-6-15	100.84
128004.SZ	久立转债	4.87	2014-3-14	2014-9-4	2014-12-24	2015-1-5	50.05
平均							63.89

资料来源：Wind，截至 2017 年 12 月 31 日。

4. 转股价格向下修正条款

可转债可以约定转股价格向下修正条款,具体内容通常表述为:"在本次发行的可转换公司债券存续期间,当公司股票在任意连续〔20个〕[①]交易日中至少有〔10个〕交易日的收盘价低于当期转股价格的〔85%〕时,公司董事会有权提出转股价格向下修正方案并提交公司股东大会表决。"由于转股价格向下修正相当于下调新股增发价格,对上市公司原股东持股比例摊薄程度加大,因此,转股价格向下修正方案需要提交股东大会审核,并须经出席会议的股东所持表决权的三分之二以上通过方可实施;同时为避免利益冲突,股东大会进行表决时,持有本次发行的可转换公司债券的股东应当回避。修正后的转股价格应不低于本次股东大会召开日前20个交易日公司股票交易均价和前一交易日均价之间的较高者。

转股价格向下修正条款是发行人的一项权利,发行人可以行使该权利,也可以不行使。正如前文关于回售条款中分析的,当股价连续下跌将要触发回售条款时,为避免投资者回售导致发行人发生大额资金支付,或者导致发行人募集的长期资金被迫变为短期资金,加大发行人偿债风险,上市公司通常会通过行使向下修正转股价格的权利来规避上述回售风险。此外,当发行人在整个宏观经济环境不景气,公司生产经营较为困难时期,也可能会选择在触发转股价格向下修正条款时主动修正转股价格,以促使可转债尽快实现转股,避免因正股价格进一步下跌导致未来触发回售条款时,被动修正的转股价格更低,对上市公司及其原股东更不利。历史上,柳工(000528.SZ)、蓝色光标(300058.SZ)等上市公司就曾主动修正过可转债的转股价格。其中,柳工转债(125528.SZ)于2008年4月18日发行,受金融危机冲击,上市公司股价一路下行,加之2008年三季度毛利率继续下行、收入利润快速下滑、库存增加及现金流

---

① 本条款中〔〕内的具体数字可以根据市场和上市公司实际情况灵活设置。

紧张等，柳工于 2008 年 11 月 24 日召开 2008 年第二次临时股东大会，决定将柳工转债的转股价格，向下修正为"股东大会召开前二十个交易日公司股票交易均价和前一个交易日均价孰高者上浮不超过 10%，且不低于公司最近一期经审计的每股净资产和股票面值"，即转股价格从 26.42 元/股修正为 11.58 元/股，下修了 56.17%。受益于转股价格向下修正，柳工转债于 7 个月后即顺利实现转股。蓝标转债（123001.SZ）于 2015 年 12 月 18 日发行，受资产大幅计提减值损失以及业务处于转型期影响，蓝色光标 2015 年度业绩出现较大幅度下滑，加之 2016 年 A 股市场投资风格转换，公司股价持续下跌，蓝色光标于 2017 年 5 月 17 日召开 2016 年年度股东大会，决定将蓝标转债的转股价格向下修正为"不低于本公司 2016 年年度股东大会召开日前二十个交易日本公司股票交易均价和前一交易日本公司股票交易均价，同时修正后的转股价格不低于股票面值和最近一期经按境内会计准则审计的每股净资产"，即转股价格从 14.95 元/股修正为 10.00 元/股，下修了 33.11%。不过，尽管蓝色光标 2016 年收入和利润均同比增长近 50%，但股价并未得到很好的体现，完成转股仍需时日。

5. 向原股东配售的安排

根据相关规定，向原股东配售的安排是上市公司股东大会作出可转债发行决定时的必备议案之一。上市公司通常会给予原股东优先配售可转债的权利，而且配售比例为 100%；同时，也约定了原股东有权放弃优先配售权。

从 2006 年至 2017 年期间上市的 128 只可转债于上市首日收盘平均涨幅为 10.78%，其中涨幅最高的为 74.91%，跌幅最大的为 -31.28%；在此期间公告发行结果的 143 只可转债来看，原股东参与优先配售的平均比例为 46.92%，可见在可转债一二级存在估值差的预期下，原股东尤其是控股股东参与上市公司可转债优先配售的积极性较高。即便是 2017 年 9 月信用申购以来，由于供给增加、正股价格下跌幅度较大等原因，可转债上市后纷纷跌破面值，原股东参与优先配售的平均比例仍高达 63.36%。

关于原股东参与优先配售的问题，我们还将在第四章"可转债发行、上市与后续监管"中进一步探讨。

二、可转债审核关注问题

可转债发行方案分别经上市公司董事会和股东大会审议通过后，须按《[行政许可事项服务指南] 上市公司发行可转换为股票的公司债券核准》（2016 年 2 月 26 日）的申报文件要求报中国证监会发行监管部（以下简称"发行部"）审核。

（一）申报文件清单

根据要求，主板（含中小板）和创业板上市公司发行可转债申报文件目录如表 3-3 所示。

表 3-3　　　　　　　　A 股可转债申报文件目录

编号	主板（含中小板）上市公司	创业板上市公司
第一章	本次证券发行的募集文件	
1—1	可转换公司债券募集说明书（申报稿）	
1—2	可转换公司债券募集说明书（申报稿）摘要	
1—3	发行公告（发审会后按中国证监会要求提供）	
第二章	发行人关于本次证券发行的申请与授权文件	
2—1	发行人关于本次证券发行的申请报告	
2—2	发行人董事会决议	
2—3	发行人股东大会决议	
2—4	—	关于本次发行涉及/不涉及重大资产重组的说明
2—5	—	公告的其他相关信息披露文件

续表

编号	主板（含中小板）上市公司	创业板上市公司
第三章	保荐机构关于本次证券发行的文件	
3—1	证券发行保荐书	
3—2	证券发行保荐工作报告	
3—3	保荐机构尽职调查报告	—
第四章	发行人律师关于本次证券发行的文件	
4—1	法律意见书	
4—2	律师工作报告	
第五章	关于本次证券发行募集资金运用的文件	
5—1	募集资金投资项目的审批、核准或备案文件	
5—2	发行人拟收购资产（包括权益）有关的财务报告、审计报告、资产评估报告	
5—3	发行人拟收购资产（包括权益）的合同或其草案	
第六章	其他文件	
6—1	发行人最近三年的财务报告和审计报告及最近一期的财务报告	
6—2	会计师事务所关于发行人内部控制制度的鉴证报告	
6—3	会计师事务所关于前次募集资金使用情况的专项报告	
6—4	经注册会计师核验的发行人最近三年加权平均净资产收益率和非经常性损益明细表	
6—5	发行人董事会、会计师事务所及注册会计师关于非标准无保留意见审计报告的补充意见	
6—6	盈利预测报告及盈利预测报告审核报告	
6—7	最近三年内发生重大资产重组的发行人提供的模拟财务报告及审计报告和重组进入公司的资产的财务报告、资产评估报告和/或审计报告	
6—8	控股股东（企业法人）最近一年的财务报告、审计报告以及保荐机构出具的关于实际控制人情况的说明	
6—9	发行人公司章程（限于电子文件）	
6—10	资信评级机构为本次发行可转换公司债券或分离交易的可转换公司债券出具的资信评级报告	
6—11	本次发行可转换公司债券或分离交易的可转换公司债券的担保合同、担保函、担保人就提供担保获得的授权文件	

续表

编号	主板（含中小板）上市公司	创业板上市公司
6—12	特定行业（或企业）主管部门出具的监管意见书	
6—13	承销协议（发行前按中国证监会要求提供）	
6—14	发行人全体董事、监事和高级管理人员对发行申请文件真实性、准确性和完整性的承诺书	

上市公司发行可转债报送申请文件，初次报送应提交原件一份，复印件两份；在提交发行审核委员会审核之前，根据证监会要求的份数补报申请文件。在每次报送书面文件的同时，发行人应报两份相应的电子文件（应为标准.doc或.rtf文件）。

（二）审核关注问题

从证监会发行部对可转债申请文件的反馈问题来看，主要关注可转债发行条件及条款、前次募集资金运用、本次募集资金运用、发行人财务状况、监管处罚情况等。

1. 可转债发行条件及条款

首先，证监会发行部关注可转债的发行规模、累计债券余额测算，通常以一般问题体现，表述为"请申请人在募集说明书中披露说明最近一期末累计债券余额的明细情况，包括债券种类、名称、余额、利率、期限等情况，是否符合证券法第十六条的规定，请保荐机构核查并发表意见"。若发行人本次可转债发行后，累计债券余额超过最近一期末归属于母公司净资产的40%，则会以重点问题直接发问"公司本次拟募集资金超过最近一期末归属于母公司净资产的40%，计算'累计债券余额不超过净资产的百分之四十'应按照合并口径下归属于母公司的净资产作为计算基数，且累计债券余额应包含私募债券/中期票据余额，本次债券发行累计金额计算不符合上述要求，请予以调整"。实际上，根据证监会相关要求，累计债券余额的计算范围包括所有公开和非公开发行的债务融资工具,不包括次级债、永续债和一年期以下的债务融资工具。

其次,证监会发行部关注发行人最近2—3年的累计现金分红是否满足发行条件。若为一般问题,则通常表述为"请申请人说明报告期内现金分红的情况是否符合公司章程的规定。请保荐机构对申请人《公司章程》与现金分红相关的条款、最近三年现金分红政策实际执行情况是否符合证监会《关于进一步落实上市公司现金分红有关事项的通知》《上市公司监管指引第3号——上市公司现金分红》的规定发表核查意见"。若累计现金分红可能会存在实质性影响发行条件的情况,则以重点问题"申请人首发上市后累计现金分红为 δ。请补充说明申请人是否符合《上市公司证券发行管理办法》第八条第五款的规定条件,请保荐机构核查并发表明确核查意见"。需要注意的是,根据证监会发行部《保荐业务通讯》(2010第1期总第3期)的《关于再融资现金分红发行条件问题》的指导原则,对于上市未满3年的公司,"现金分红发行条件可理解为上市后年均以现金方式分配的利润不少于上市后实现的年均可分配利润的10%"。

再次,证监会发行部会关注最近一期末经审计的净资产低于人民币15亿元的主板(含中小板)上市公司是否为可转债提供担保,通常表述为"本次可转债采用股份质押和保证的担保方式,出质人[控股股东]将其合法拥有的公司股票作为质押资产进行质押担保,[实际控制人(自然人)]为本次发行可转债提供连带保证责任。请申请人说明质押资产是否低于担保金额,估值是否经有资格的资产评估机构评估。请保荐机构及申请人律师就本次可转债的担保是否符合《上市公司证券发行管理办法》第二十条的规定发表明确意见"。控股股东、实际控制人用股票提供担保的,证监会发行部会进一步关注"请申请人结合公司近年来的股价波动说明担保人提供担保的股票是否足以保障债权人的利益,如非以其可提供担保的全部股票提供质押的,未质押股票是否会为第三方提供担保,从而影响未来可能的补充质押。请保荐机构核查并发表意见"。

此外，由于创业板上市公司发行可转债要求最近一期末资产负债率高于45%，因此，证监会发行部还会关注发行人最近一期末资产负债率大幅上升的原因及合理性，近一年一期有息负债的变动情况，最近一期是否存在突击借款的情形，并作为重点问题质疑："申请人20××年×月末短期借款、长期借款金额合计 μ 亿元，相比期初的 φ 亿元大幅增长。请申请人说明近一年一期有息负债的变动情况、资产负债率变动情况，本次发行是否符合《创业板上市公司证券发行管理暂行办法》第九条第（五）项有关'最近一期末资产负债率高于百分之四十五'的规定。请保荐机构及会计师核查并发表意见。"

最后，针对转股价格向下修正条款，证监会发行部要求发行人在募集说明书中作重大事项提示，提示转股价格向下修正的存在不确定性，并以重点问题提示发行人："请申请人在募集说明书'重大事项提示'中充分提示以下风险：未来在触发转股价格修正条款时，转股价格是否向下修正以及修正幅度存在不确定风险。请保荐机构进行核查。"

2. 前次募集资金运用

关于前次募集资金运用情况，证监会发行部首先关注前次募投项目的投资进度、投资效益是否符合预期，尤其是对创业板上市公司，更关注其前次募集资金是否已基本使用完毕，且使用进度和效果与披露情况是否基本一致。关注问题通常表述为："请保荐机构核查前次募集资金使用进度与效果是否符合《创业板上市公司证券发行管理暂行办法》第十一条第一项的规定，并说明核查过程与结论。"或者"请申请人说明前次募集资金的使用情况，尚未使用完毕的前次募集资金的具体使用计划和进度安排。请保荐机构核查并发表意见"，或者"请申请人在募集说明书'历次募集资金运用'披露说明：(1) 前次募投项目实际效益与承诺差异较大的原因及合理性；(2) 结合近期经营情况，说明前次募投项目在产能完全释放情况下的效益情况及达到业绩承诺的比例"。

证监会发行部其次关注前次募投项目是否发生变更（包括在建设期、

实施数量、实施区域、实施方式、实施主体上存在重大变更），以及变更比例等。关注问题通常表述为："（1）请申请人说明前次募投项目变更的具体内容及变更原因，募集资金变更的相关决策程序和信息披露情况是否符合《上市公司监管指引第 2 号——上市公司募集资金管理和使用的监管要求》的相关规定，请说明前次募投项目变更实施主体前后的资金投入方式，是否存在损害中小股东利益的情形；（2）请申请人说明本次募投项目的必要性及谨慎性，未来是否存在变更的可能性，请保荐机构及申请人律师核查并发表意见。"

3. 本次募集资金运用

本次募集资金运用是证监会对股权再融资重点关注的问题，发行部首先从资产负债率、货币资金余额、财务费用和前期产能利用率等方面关注融资的必要性问题，其次是关注本次募投项目的审批、投资构成、投资进度安排、预期效益等。

关于融资必要性问题，主要表述为："结合目前的货币资金余额情况、资产负债率水平、银行授信情况、公司经营模式及经营性现金流情况、预计的近期大额支出情况等，说明本次募投项目使用股权融资的必要性和合理性，本次融资规模与公司现有资产、业务规模是否匹配""请申请人说明在前次募投项目尚未达产，且有大量资金闲置的情况下，短期内再次发行可转债融资的必要性和合理性。请保荐机构核查，并就申请人是否属于频繁融资及过度融资发表明确核查意见"等。

根据各募投项目性质的不同，发行部反馈的问题也有所不同。比如：

（1）对于新建生产线项目，发行部的关注问题通常为："请申请人披露本次募投项目募集资金的预计使用进度，本次募投项目建设的预计进度安排，本次募投项目具体投资构成和合理性，以及是否属于资本性支出，是否包含董事会前投入，本次募投项目的经营模式及盈利模式；本次募投项目的实施主体，若是非全资子公司，请说明实施方式。"

（2）对于产能扩建项目，发行部的关注问题通常为："请结合申请人前次募投项目的产能利用率情况,说明本次大幅增加产能的原因及合理性。请补充说明报告期内产品市场的市场规模及发展等情况,详细论证本次募投项目达产后新增产能消化的具体措施,并请说明新增产能消化是否有在手订单或框架性协议支持。请结合上述情况,详细论证本次募投项目的可行性。"

（3）对于资产收购项目,发行部的关注问题通常为:"收购标的资产的意图;标的资产的主营业务、运营模式、盈利模式、主要竞争力、客户的稳定性以及产品或服务的市场前景;标的资产所处的生命周期;标的公司的管理层及核心技术人员情况,本次收购后如何保持管理层及核心技术人员的稳定性;采用收益法作为评估方法是否适用于标的资产,评估假设、评估参数是否合理,相关信息披露和风险提示是否充分。请结合标的资产的行业地位、核心竞争力、市场竞争及同业收购案例情况,说明评估增值率的合理性及本次交易作价的公允性。请评估师核查并发表意见;本次收购资产在过渡期间（从评估基准日至资产交割日）等相关期间的损益承担安排是否可能损害上市公司和中小股东利益。"

（4）对募集资金补充流动资金,发行部的关注问题通常为:"请申请人根据报告期营业收入增长情况,经营性应收（应收账款、预付账款及应收票据）、应付（应付账款、预收账款及应付票据）及存货科目对流动资金的占用情况,在募集说明书中披露本次补充流动资金的测算过程并说明资金用途。请结合目前的资产负债率水平及银行授信情况,说明通过股权融资补充流动资金的考虑及必要性。请说明本次募集资金是否用于募投项目中的铺底流动资金、预备费、其他费用等非资本性支出,如用于,则视同以募集资金补充流动资金。请申请人说明,自本次发行相关董事会决议日前六个月起至今,除本次募集资金投资项目以外,公司实施或拟实施的重大投资或资产购买的交易内容、交易金额、资金来源、交易完成情况或计划完成时间。请说明有无未来三个月进行重大投资或资产购买的计划。请结合上述情况说明是否通过本次补充流动资金变相实施重大投资或资产购买的情形。请保荐机构对上述事项进行核查。"

4. 发行人财务状况

对于公开融资品种，监管机构一直秉承着对公众投资者负责的理念从严监管。因此，证监会发行部审核可转债，除了关注发行条件、募集资金运用等问题外，还非常关注发行人的持续盈利能力，包括应收账款增长较快、毛利率异常、存货大幅增长、非经常性损益占比较高、经营活动现金流净额为负，以及商誉大额减值风险等。

（1）对于应收账款增长较快，发行部的关注问题通常为："结合公司经营情况及可比企业情况，说明应收账款金额较高且持续高速增长的原因及合理性；结合公司应收账款坏账准备计提政策及期后回款情况，说明应收账款坏账准备计提是否充分合理。"

（2）对于毛利率异常，发行部的关注问题通常为："请说明发行人毛利率高于同行业上市公司的主要原因。"

（3）对于存货大幅增长，发行部的关注问题通常为："最近一期末存货余额较上年出现较大幅度增长的原因及合理性；存货跌价准备的计提原则，报告期末存货跌价准备计提的主要内容，公司产品是否存在积压无法销售的情形，存货跌价准备计提是否充分合理。请保荐机构发表核查意见。"

（4）对于非经常性损益占比较高，发行部的关注问题通常为："公司非经常性损益的主要内容，公司是否对非经常性损益存在重大依赖。"

（5）对于经营活动现金流净额为负，发行部的关注问题通常为："申请人报告期内经营活动产生的现金流量净额均为负值，且金额较大、波动较大。请申请人说明报告期内经营活动产生的现金流量净额为较大负值，且波动较大的原因。请保荐机构及会计师发表核查意见。"

（6）对于商誉大额减值风险，发行部的关注问题通常为："请申请人及会计师披露说明与商誉形成相关的收购定价及评估情况，是否公允合理，公司商誉确认及减值测试是否符合准则要求，标的资产的公允价值较账面值的增值部分，是否直接归集到对应的具体资产项目；减值测试是否有效；是否已及时充分的量化披露减值风险及其对公司未来业绩的影响。请保荐机构对上述问题发表核查意见。"

5. 监管处罚情况

可转债作为一种公开的融资工具，证监会发行部从保护公众投资者和债券持有人的角度，还关注发行人最近5年是否被监管机构出具监管措施或受到处罚的情况。通常作为一般问题直接询问："请申请人公开披露最近5年被证券监管部门和交易所采取处罚或监管措施的情况，以及相应整改措施；同时请保荐机构就相应事项及整改措施进行核查，并就整改效果及对本次发行的影响发表核查意见。"

三、可转债项目操作流程

可转债项目的操作流程大体上可分为三个阶段，即申报准备阶段、审核阶段和发行阶段，简要流程图如图3-1所示。

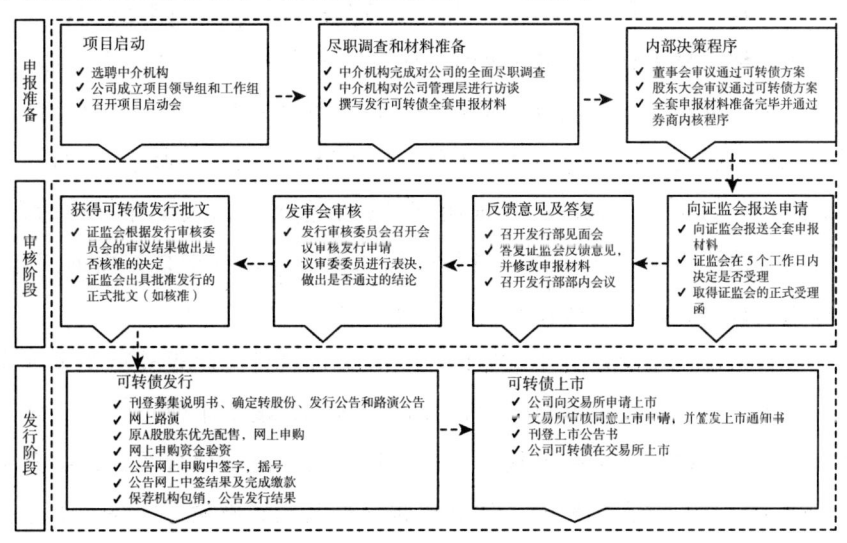

图3-1 可转债项目操作简要流程图

(一) 申报准备阶段

上市公司有发行可转债的融资计划后，通常应先聘请投资银行（以下简称"投行"）对发行方案的可行性进行初步论证，在确定基本可行的情况下，再在投行的协助下，聘请律师、审计师、债券评级机构等中介机构。对于募集资金用于收购资产的可转债项目，通常还需要聘请资产评估机构；涉及海外收购的，还需要聘请国际投行、境外律师等专业机构。

中介机构相关工作的开展需要发行人密切配合，为提高工作效率，投行作为可转债项目的组织者和总协调人，往往会建议发行人组建内部工作团队，包括成立项目领导组和工作组。项目领导组通常由董事长或总经理担任组长，对重要事项及时进行决策；董事会秘书或主管股权融资的副总裁担任副组长，全面负责项目的具体执行。工作组通常分为业务组、财务组和综合组，其中业务组负责可转债项目的发行人所处行业、业务板块、业务流程、募投项目及相关批文等业务方面尽职调查资料的提供和解释，配合投行的相关工作；财务组负责发行人最近3年及一期财务报告及审计报告，最近3年加权平均净资产收益率和非经常性损益明细表，前次募集资金使用情况的专项报告，内部控制制度的鉴证报告，资产评估等财务方面尽职调查资料的提供和解释，配合投行、审计师和评级机构的相关工作；综合组主要负责历史沿革、资产权属、公司治理、担保诉讼人力资源、合法合规证明开具、信息披露以及中介机构的食、宿、行等法律方面尽职调查资料的提供和解释与综合事物方面的工作，主要配合投行、律师的相关工作。

发行人工作组及各中介机构的分工、项目执行时间表等重要事项将在可转债项目启动会上做充分讨论并得到明确，接下来便正式进入发行相关的董事会议案及发行申报文件的起草阶段。由于投行及其他中介机构必须确保其所负责的公告文件和申报文件真实、准确、完整，不存在任何虚假记载、重大遗漏或误导性陈述，因此，中介机构对发行人进行全面的尽职调查必不可少，并且尽职调查会贯穿整个项目执行期间。

根据《保荐人尽职调查工作准则》（证监发行字〔2006〕15号）规定，尽职调查是指保荐机构对拟推荐公开发行证券的公司进行全面调查，充分了解发行人的经营情况及其面临的风险和问题，并有充分理由确信发行人符合《证券法》等法律法规、中国证监会规定的发行条件以及确信发行人申请文件和公开发行募集文件真实、准确、完整的过程。尽职调查包括发行人基本情况调查、业务与技术调查、同业竞争与关联交易调查、高管人员调查、组织结构与内部控制调查、财务与会计调查、业务发展目标调查、募集资金运用调查、风险因素及其他重要事项调查等，调查的手段包括原始资料核查（例如工商登记材料、营业执照、公司章程、董事会决议、股东大会决议、业务合同、土地房产权属证明）、政策法规检索、政府部门批文和专项证明文件、主管部门行政处罚查询、银行流水打印、官方统计数据、管理层和员工访谈、供应商和主要客户访谈等等。

在尽职调查的基础上，可能需要对发行方案进行调整，确定最终的发行预案及董事会其他相关议案，分别提交上市公司董事会、股东大会进行审议。审议通过后，发行申请文件提交投行进行内核。内核为必备程序。内核意见是发行保荐书中的重要内容。内核通过后，发行申请文件才可上报证监会。

（二）审核阶段

可转债发行申请文件报证监会办公厅受理处，由受理处审查申请文件的齐备性，并在5个工作日内决定是否给予正式受理或要求补正材料。正式受理后，申请文件由证监会发行部综合处分配给审核五处和审核六处两位预审员，进入审核、反馈会、初审会、发审会、封卷、会后事项、核准等一系列程序。

1. 受理

证监会受理处根据《行政许可程序规定》《上市公司证券发行管理办

法》《创业板上市公司证券发行管理暂行办法》等规则的要求，依法受理上市公司发行可转债申请文件，并按程序转发行部。发行部在正式受理后，将申请文件分发至相关监管处室，相关监管处室根据发行人的行业、公务回避的有关要求以及审核人员的工作量等确定审核人员。

2. 反馈会

相关监管处室审核人员审阅发行人申请文件后，从非财务和财务两个角度撰写审核报告，提交反馈会讨论。反馈会主要讨论初步审核中关注的主要问题，确定需要发行人补充披露以及中介机构进一步核查说明的问题。

反馈会按照申请文件受理顺序安排。反馈会由综合处组织并负责记录，参会人员有相关监管处室审核人员和处室负责人等。反馈会后将形成书面意见，履行内部程序后反馈给保荐机构。反馈意见发出前不安排发行人及其中介机构与审核人员沟通。

保荐机构收到反馈意见后，组织发行人及相关中介机构按照要求进行回复。综合处收到反馈意见回复材料进行登记后转相关监管处室。审核人员按要求对申请文件以及回复材料进行审核。

发行人及其中介机构收到反馈意见后，在准备回复材料过程中如有疑问可与审核人员进行沟通，如有必要也可与处室负责人、部门负责人进行沟通。

审核过程中如发生或发现应予披露的事项，发行人及其中介机构应及时报告发行监管部并补充、修改相关材料。初审工作结束后，将形成初审报告（初稿）提交初审会讨论。

3. 初审会

初审会由审核人员汇报发行人的基本情况、初步审核中发现的主要问题及反馈意见回复情况。初审会由综合处组织并负责记录，发行监管部相关负责人、相关监管处室负责人、审核人员以及发审委委员（按小组）参加。

根据初审会讨论情况，审核人员修改、完善初审报告。初审报告是发行部初审工作的总结，履行内部程序后与申请材料一并提交发审会。

初审会讨论决定提交发审会审核的，发行部在初审会结束后出具初审报告。初审会讨论后认为发行人尚有需要进一步披露和说明的重大问题、暂不提交发审会审核的，将再次发出书面反馈意见。

4. 发审会

发行审核委员会（以下简称发审委）制度是发行审核中的专家决策机制。发审委通过召开发审会进行审核工作。发审会以投票方式对证券发行申请进行表决。根据《中国证券监督管理委员会发行审核委员会办法》（以下简称《发审委办法》）规定，发审委会议审核上市公司发行可转债申请适用普通程序，每次参加发审委会议的委员为 7 名。表决投票时同意票数达到 5 票为通过，同意票数未达到 5 票为未通过。发审委委员投票表决采用记名投票方式，会前需撰写工作底稿，会议全程录音。

根据《发审委办法》规定，发审会召开 5 天前中国证监会发布会议公告，公布发审会审核的发行人名单、会议时间、参会发审委委员名单等。发审会由审核人员向委员报告审核情况，并就有关问题提供说明，委员发表审核意见，发行人代表和保荐代表人各 2 名到会陈述并接受聆讯，发行人聆询时间不超过 45 分钟，聆询结束后由委员投票表决。发审会认为发行人有需要进一步披露和说明问题的，形成书面审核意见后告知保荐机构。

保荐机构收到发审委审核意见后，组织发行人及相关中介机构按照要求回复。综合处收到审核意见回复材料后转相关监管处室。审核人员按要求对回复材料进行审核并履行内部程序。

需要说明的是，为增加发行审核的透明度，在初审会之后，证监会以《关于请做好相关项目发审委会议准备工作的函》（即"发审会告知函"）的方式将发审会上委员们聆讯的问题提前告知发行人和保荐机构，得到书面回复之后再正式召开发审会。

5. 封卷

上市公司发行可转债申请通过发审会审核后,需要进行封卷工作,即将申请文件原件重新归类后存档备查。封卷工作在按要求回复发审委意见后进行。如没有发审委意见需要回复,则在通过发审会审核后即封卷。

6. 会后事项

会后事项是指上市公司发行可转债申请通过发审会审核后,启动发行前发生的可能影响本次发行上市及对投资者作出投资决策有重大影响的应予披露的事项。发生会后事项的需履行会后事项程序,发行人及其中介机构应按规定向综合处提交会后事项材料。综合处接收相关材料后转相关监管处室。审核人员按要求及时提出处理意见。需重新提交发审会审核的,按照会后事项相关规定履行内部工作程序。如申请文件没有封卷,则会后事项与封卷可同时进行。

7. 核准发行

封卷并履行内部程序后,将进行核准批文的下发工作。发行人领取核准发行批文后,无重大会后事项或已履行完会后事项程序的,可按相关规定启动发行。

审核程序结束后,发行监管部根据审核情况起草持续监管意见书,书面告知日常监管部门。

特别的,上市公司发行可转债申请审核过程中,涉及国家产业政策、宏观调控等事项的(限主板和中小板企业),证监会将征询国务院相关部委的意见;对运作规范、市场表现良好的上市公司,在符合法定条件的前提下,取消反馈环节,可以不再要求发行人到发审会上接受询问,15个工作日内作出行政许可决定。

(三)发行阶段

上市公司获得证监会关于可转债的正式核准后,进入发行阶段,具体操作及关注问题详见本书第四章"可转债发行、上市与后续监管"。

第四章

可转债发行、上市与后续监管

一、可转债发行簿记

上市公司在获得证监会关于可转债的核准批文后,其主承销商便开始组织实施可转债的发行簿记工作。债券的发行簿记是指在债券发行阶段,以簿记建档的方式确定债券的票面利率(或发行价格)和配售结果。簿记建档是一种系统化、市场化的发行定价方式,包括前期的预路演、路演等推介活动和后期的簿记定价、配售等环节。针对所有有效报价,发行人和主承销商通常采用荷兰式招标的方式确定债券票面利率(或发行价格),以及配售对象。荷兰式招标又称单一价格招标,是指按照投标人所报买价自高向低(或者利率由低而高)的顺序中标,直至满足预定发行额为止,中标的承销机构以相同的价格(所有中标价格中的最低价格或最高利率)来认购中标的债券数额,投标价格在中标价格上的申购量,按照同比例配售原则进行配售。荷兰式招标是以所有投标者的最低中标价格作为最终中标价格,全体中标者的中标价格是单一的。与之对应的是美国式招标,又称多种价格招标,是指中标价格为投标方各自报出的价格。

目前 A 股市场可转债的发行簿记与普通债券不同,其发行的票面利率、转股价格和到期赎回价格等条款都在公告募集说明书之前已经确定好,簿记建档最主要的工作是确认投资者申购的有效性以及对可转债进行配售。

目前,A 股可转债的发行簿记工作通常按照表 4-1 的时间表执行。

表 4-1　　　　　　　可转债发行簿记示意时间表

交易日	发行安排
T-2 日	・刊登募集说明书及其摘要、《发行公告》、《网上路演公告》
T-1 日	・网上路演 ・原股东优先配售股权登记日 ・原有限售条件股东在 17:00 前缴纳认购资金 ・网下机构投资者在 17:00 前缴纳认购保证金
T 日	・刊登《可转债发行提示性公告》 ・原无限售股东优先配售认购日(缴付足额资金) ・原有限售股东优先配售认购日(提交认购资料) ・网下申购 ・网上申购日(无需缴付申购资金) ・确定网上申购摇号中签率
T+1 日	・刊登《网上中签率及网下配售结果公告》 ・根据中签率进行网上申购的摇号抽签
T+2 日	・刊登《网上中签结果公告》 ・网上投资者根据中签号码确认认购数量并缴纳认购款 ・网下申购投资者根据配售金额缴款(如申报保证金低于配售金额)
T+3 日	・保荐机构(主承销商)根据网上资金到账情况确定最终配售结果和包销金额
T+4 日	・刊登《发行结果公告》

若网下和网上投资者缴款认购的新股或可转换债数量合计不足本次公开发行数量的 70% 时,可以中止发行。

（一）确定最终的发行方案

发行方案在上市公司董事会审议可转债发行相关事项的时候已经初步确定，但诸如转股价格、票面利率和到期赎回价格等条款还需在公告募集说明书前一个交易日最终确定。

就转股价格而言，自 2017 年 9 月实施信用申购至 2017 年 12 月底期间发行的 34 只可转债，转股价格均为公告募集说明书前一个交易日及前 20 个交易日均价的最高者，即以基准价格作为转股价格。即便像雨虹转债（128016.SZ）转股价格相对基准价格有溢价，溢价幅度也未超过 2%。这一方面反映出上市公司有强烈的意愿促使可转债尽快转股，完成一次股权融资，而在转股价格和票面利率之间权衡时倾向于让可转债具有更高的期权价值及更低的票面利率；但另一方面，转股价格定价窗口选择不考虑发行人所处行业、对应估值水平，实际上反映出目前可转债尚未实现市场化发行，仍沿袭的是 2017 年之前 10 年可转债供不应求状态下的定价思维。

表 4-2　　　　　可转债转股价格定价和估值情况

转债名称	募集书公告日	转股价格定价基准（元/股）	初始转股价格（元/股）	转股价格/基准价格的溢价率	转股价格对应静态市盈率倍数	上市公司所属行业
道氏转债	2017-12-26	45.21	45.21	0	87.54	化工
航电转债	2017-12-21	14.28	14.29	0.07%	54.60	航空航天与国防
蒙电转债	2017-12-20	2.95	2.95	0	51.49	电力
天康转债	2017-12-20	8.24	8.25	0.12%	20.25	农产品
赣锋转债	2017-12-19	71.88	71.89	0.01%	114.84	金属非金属
东财转债	2017-12-18	13.68	13.69	0.07%	82.26	互联网软件与服务
宁行转债	2017-12-01	18.44	18.45	0.05%	12.09	商业银行
济川转债	2017-11-09	41.03	41.04	0.02%	35.57	中药

续表

转债名称	募集书公告日	转股价格定价基准（元/股）	初始转股价格（元/股）	转股价格/基准价格的溢价率	转股价格对应静态市盈率倍数	上市公司所属行业
小康转债	2017-11-02	23.00	23.00	0	40.72	电子元件
隆基转债	2017-10-31	32.35	32.35	0	41.69	半导体产品
林洋转债	2017-10-25	8.77	8.80	0.34%	32.72	建材
雨虹转债	2017-09-21	37.97	38.48	1.34%	32.99	电气部件与设备

资料来源：Wind，截至2017年12月31日。

注：转股价格对应静态市盈率倍数＝初始转股价格/上市公司2016年度每股收益

同样，目前可转债票面利率条款和到期赎回价格条款设置也出现几乎千篇一律的现象，而不考虑上市公司债项信用评级的差异。如果说可转债信用等级之间的差异由其期权价值来弥补，那么同一评级下的几只可转债（比如吉视转债、蓝思转债、生益转债和宝信转债），票面利率、到期赎回价格以及转股价格相对基准价格的溢价率完全一致，难道说它们的期权价值也完全相等？或者仅仅因为这些可转债发行时间窗口接近，A股市场表现一致？显然，发行人和主承销商对可转债的定价能力还有待提高。实际上，2017年年底宝信转债、时达转债、生益转债、亚太转债、兄弟转债、特一转债、吉视转债等上市当天即跌破面值，可见不理性的定价将给可转债上市带来较大风险（见表4-3）。

（二）发行方式的选择

2017年9月《证券发行与承销管理办法》修改之前，可转债采取向发行人在股权登记日收市后登记在册的原股东优先配售，优先配售后余额部分（含原股东放弃优先配售部分）再通过网上向社会公众投资者发售与网下对机构投资者配售相结合的方式发行。原股东优先配售后余额部分网下发行和网上发行预设的发行数量比例可以自行约定，通常为50%∶50%或60%∶40%或75%∶25%，甚至80%∶20%。

表4-3　　AA+可转债票面利率和到期赎回价格定价情况

转债名称	募集书公告日	债项评级	票面利率（%）						到期赎回价格（含最后一期利息）
			第1年	第2年	第3年	第4年	第5年	第6年	
吉视转债	2017-12-25	AA+	0.30	0.50	1.00	1.30	1.50	1.80	106
蓝思转债	2017-12-06	AA+	0.30	0.50	1.00	1.30	1.50	1.80	106
生益转债	2017-11-22	AA+	0.30	0.50	1.00	1.30	1.50	1.80	106
宝信转债	2017-11-15	AA+	0.30	0.50	1.00	1.30	1.50	1.80	106
隆基转债	2017-10-31	AA+	0.30	0.50	1.00	1.30	1.50	1.80	106
迪龙转债	2017-12-25	AA	0.30	0.50	1.00	1.30	1.50	1.80	106
铁汉转债	2017-12-14	AA	0.30	0.50	1.00	1.30	1.50	1.80	106
兄弟转债	2017-11-24	AA	0.30	0.50	1.00	1.30	1.50	1.80	106
久立转2	2017-11-06	AA	0.30	0.50	1.00	1.30	1.50	1.80	106
金禾转债	2017-10-30	AA	0.30	0.50	1.00	1.30	1.50	1.80	106
特一转债	2017-12-04	AA-	0.30	0.50	1.00	1.30	1.50	1.80	106

资料来源：Wind，截至2017年12月31日。

修改后的《证券发行与承销管理办法》及沪深交易所《上市公司可转换公司债券发行实施细则》将原有的资金申购改为信用申购，即对于参与网上申购的投资者，申购时无需预缴申购资金，待确认获得配售后，再按实际获配金额缴款；对于网下投资者，承销商可向网下单一申购账户收取不超过50万元的申购保证金，待确认获得配售后，网下投资者再按实际获配金额缴款。此后，可转债基本上都选择网上发行，截至2017年12月31日，采取网上、网下同时发行的可转债仅有蒙电转债一只。

发行人和主承销商对发行方式的选择为何会出现上述变化？其主要原因如下：

1. 信用申购下，网下申购的杠杆优势不再

原有申购原则下，网上投资者须根据自己的申购量在申购日（T日）当天确保已存入足额申购资金，即全额缴款，否则为无效申购；网下机构投资者则应当在T日足额缴纳保证金，否则视为无效申购。上述申购资金将在T+3日上午由登记结算公司和主承销商根据摇号中签结果和配售比例扣除实际应缴款的申购资金后，余款退回给投资者。根据Wind统计数据，2006年至2016年期间，A股可转债平均网上中签率为0.93%，网下中签率为0.82%（按规定网上中签率与网下配售比例应趋于一致，但部分可转债项目仅采取网上发行），可见，约99%的申购资金并未获配，将被退回。这部分资金在冻结期间所产生的利息收入按规定需全部上缴给投资者保护基金，但对于投资者来说，无论用自有资金还是筹资的资金参与可转债申购，都承担了一定的机会成本或利息费用。因此，在全额缴款和保证金申购原则下，投资者实际上承担着较高的资金成本。但相比于网上社会公众投资者，网下机构投资者仅需按其意向申购金额的一定比例缴纳，这相当于给了机构投资者一个申购杠杆，为其节省了部分资金成本；且保证金比例越低，或者说杠杆比例越高，资金成本优势就越显著。

信用申购下，网上投资者申购无需事先准备申购资金，中签之后再

缴纳相应的资金,而网下机构投资者则要为单一申购账户缴纳不超过 50 万元的申购保证金,后者的杠杆优势已然不再。

2. 网下、网上回拨机制下,网下发行对发行认购量的贡献已不显著

根据修订后的《证券发行与承销管理办法》规定,上市公司发行可转债,主承销商可以对参与网下配售的机构投资者进行分类,对不同类别的机构投资者设定不同的配售比例,对同一类别的机构投资者应当按相同的比例进行配售。主承销商应当在发行公告中明确机构投资者的分类标准。主承销商未对机构投资者进行分类的,应当在网下配售和网上发行之间建立回拨机制,回拨后两者的获配比例应当一致。

从目前的操作实例看,除 IPO 发行外,主承销商鲜有对参与股权再融资项目的机构投资者进行分类,主要原因是股票(包括可转债)上市后股价表现存在不确定性。当前 IPO 新股因发行价格通常要求不超过发行定价日前一个月行业平均静态市盈率,亦不超过窗口指导 23 倍市盈率,估值较为合理,上市交易后股价有上涨的动力,并且受 2014 年以来 IPO 开闸后新股无差别的连续涨停刺激,4 年来投资者业已形成"新股不败"的一致预期,更助长了新股上市后股价单边上涨的格局。在此情况下,新股申购几乎等同于无风险套利,获配等同于"中奖",因此,有必要将 IPO 红利向承担社会保障责任及符合公众投资者利益的公募基金、社保基金及基本养老保险等机构投资者倾斜。而增发的股票或发行的可转债,后市表现存在较大不确定性,成功发行已属不易,更遑论利益的倾斜问题。

既然主承销商未对机构投资者进行分类,就得通过回拨机制确保网下配售和网上发行获配比例趋于一致。由于信用申购后网上申购的投资者激增,网上中购总额随之暴增,甚至大幅超过网下申购总额,逆转了之前多数情况下网下申购总额占绝对主导地位的情形。事实上,2006 年至 2017 年信用申购之前,网上平均有效申购户数为 10 207 户;信用申购政策实施后至 2017 年年底,网上平均有效申购户数为 4 633 283 户,增长

452.93 倍。同期，同时采用网上、网下发行的可转债有 87 只，其中网下有效申购总额大于网上有效申购总额的家数为 26 家，占比不超过 30%，平均"网上有效申购总额/网下有效申购总额"为 1.96。信用申购实施后至 2017 年年底，仅有蒙电转债同时采取网上、网下发行，但网下有效申购户数仅为 113 户，"网上有效申购总额/网下有效申购总额"则高达 18.16，以至于本次发行募集资金总额为 187 522 万元的可转债，在扣除原股东认购的 6 976 万元后，网下机构投资者仅获配 9 421.40 万元，占本次发行总量的 5.02%。

可见，信用申购初期，在可转债上市当天大概率上涨的市场预期下，社会公众投资者参与可转债网上申购的热情较高，中签后缴款的积极性也较高。因此，是否采取网下和网下同时发行的方式，对可转债的发行结果影响不大，而主承销商从简化发行工作方面考虑，也倾向于仅采用网上发行的方式。

但 2018 年上半年，在大盘指数整体下行的趋势下，可转债上市后纷纷跌破面值，机构投资者更倾向于从二级市场买入可转债，以规避一级市场认购后至可转债上市期间因正股价格下跌导致可转债跌破面值的风险；普通投资者参与网上申购的热情逐渐下降，且中签后弃购率日趋提高。从数据上看，反映投资者参与网上发行热情的指标"网上有效申购户数"从无锡转债最高 105.83 万户下降至曙光转债不足 6.30 万户；反映投资者缴款积极性的指标"主承销商包销比率"从艾华转债最低 0.44% 飙升至湖广转债 33.55%。在惨淡的发行市场环境下，不仅考验主承销商的定价能力，在发行方式选择上，也需要主承销商根据每只转债的具体情况，综合判断是否采取网下、网上同时发行方式。

（三）网下、网上路演的必要性

路演（Roadshow）是国际上广泛采用的证券发行推广方式，指证券发行人在承销商的协助下，在一级市场上发行证券前针对机构投资者进行的推介活动。是在投资、融资双方充分交流的条件下促进证券成功发行的重要推介、宣传手段，促进投资者与证券发行人之间的沟通和交流，以保证证券的顺利发行，并有助于提高证券潜在的价值。

在海外股票市场，股票发行人和承销商要根据路演的情况来实现以下目的：

（1）查明机构投资者的需求情况，由此决定发行量、发行价和发行时机，保证重点销售；

（2）使机构投资者了解发行人的情况，作出价格判断；利用销售计划，形成投资者之间的竞争，最大程度地提高价格水平；

（3）为发行人与机构投资者保持关系打下基础。

在互联网出现之前，路演主要由发行人、主承销商向机构投资者在线下做一对一或一对多交流，但互联网发展起来后，特别是中国证监会于2001年发布《关于新股发行公司通过互联网进行公司推介的通知》之后，网上路演成为新股发行必不可少的一种推介形式。这主要是考虑到国外与国内的市场参与者的结构不同，成熟资本市场的投资者主要是拥有定价、风险识别和风险承担等能力的机构投资者，新股公司可以通过网下路演与之沟通；而在国内资本市场的投资者构成中，普通散户占比较高，并且存在着信息不对称的问题。因此，通过网上路演可以实现新股发行公司与中小投资者的便捷、有效沟通，并将起到舆论监督、强化信息披露、增加新股发行透明度的作用。在网上路演推介过程中，新股发行公司的董事长、总经理、财务负责人、董事会秘书和主承销商的项目负责人，必须出席，推介形式至少包括图像直播和文字直播。根据网上路演所提供的栏目，投资者可以在网上浏览公司的有关概况，就公司的某些方面提出疑问，如公司的经营状况、经营业绩、发展前景、在同业中的地位等，上市公司高层管理人员、承销商、投资分析专家等网上特邀嘉宾，将通过一问一答的方式对网友的提问进行回答。

2014年新股发行重启后，证券业协会发布了《首次公开发行股票承销业务规范》，对主承销商和发行人网下路演推介的内容进行强约束，并加大了违规行为的处罚力度，此后，新股发行基本取消了网下路演环节。可转债在信用申购政策实施初期，发行人和主承销商更倾向于选择网上发行的方式，因此，原本就可有可无的网下路演推介活动也就更加没有必要，只保留了网上路演这一发行环节。实际上，《关于新股发行公司通过互联网进行公司推介的通知》仅对新股发行进行了约束，并未对可转债、配股、公开增发等公开发行证券的行为明确作出规定，这意味着目前已形成惯例的网上路演推介活动也不是发行承销的必备环节。

在实际操作过程中，有的发行人因公司股权结构较为分散，对原股东是否参与认购及参与认购的比例没有太大把握，甚至于影响了其对可转债发行能否成功的信心，因此会向主承销商提出要求，安排网下路演推介活动，以争取更多的机构投资者参与网上发行、尽最大努力确保发行成功。由于可转债上市后跌破面值的现象愈演愈烈，主承销商从降低自身包销风险的角度，应主动安排发行人的网下路演推介活动。

（四）原股东参与优先认购的利弊

在本书第三章"可转债发行方案分析"中我们分析了原股东参与上市公司可转债优先配售的动机及比例，主要原因是原股东预期可转债上市后大概率会上涨，而且有的可转债上涨幅度还比较大，如2016年上市的顺昌转债（代码：128010）、汽模转债（代码：128011）以及2017年上市的隆基转债（代码：113015），上市当天涨幅都在30%以上；2007年上市的恒源转债（代码：110971）上市当天上涨达到74.91%，创下2006年以来最高涨幅。

但在新的发行承销制度和投资环境下，原股东尤其是大股东参与上市公司可转债的优先配售，不仅仅是为了博取短期的一、二级市场价差带来的资本利得，也承担着上市公司可转债发行成败的重大责任。可转债发行是否成功，最低要求是按照既定发行计划足额募集资金，在此基础之上,以更高的转股价格、更低的票面利率和更低的包销比例成为发行更成功的评判标准。其中,影响包销比例的因素有两个,一是本次发行投资者认购倍数,二是投资者获配后的弃购率。这两个因素其实都反映了投资者对于上市公司本次发行的可转债的认可程度,代表着上市公司的市场形象。更进一步地,上市公司市场形象的好坏,会影响其下一次重大资本运作的投资者投票结果。

为什么说上市公司原股东尤其是大股东承担着上市公司可转债发行成败的重大责任呢?先看如表4-4所示的一组数据。

表4-4 原股东参与可转债优先配售与投资者弃购比例情况

转债代码	转债简称	发行规模(亿元)	控股股东是否参与	原股东获配金额占发行总额的比例	投资者认购倍数(倍)	投资者弃购比例(或主承销商包销比例)
113017.SH	吉视转债	15.60	否	3.80%	250	16.11%
123003.SZ	蓝思转债	48.00	否	13.54%	303	12.65%
110041.SH	蒙电转债	18.7522	否	3.72%	357	11.21%
110042.SH	航电转债	24.00	是	50.18%	508	6.89%
123006.SZ	东财转债	46.50	是	45.66%	248	5.89%
128023.SZ	亚太转债	10.00	是	30.96%	4 075	5.45%
128032.SZ	双环转债	10.00	是	49.69%	1 213	5.31%
128030.SZ	天康转债	10.00	是	57.69%	1 618	3.78%
128033.SZ	迪龙转债	5.20	是	70.04%	2 584	3.30%
128026.SZ	众兴转债	9.20	是	48.84%	1 776	2.98%
128028.SZ	赣锋转债	9.28	是	53.52%	1 632	2.88%
128029.SZ	太阳转债	12.00	是	73.57%	2 322	2.10%
123005.SZ	万信转债	9.00	是	47.08%	1 240	1.94%
128025.SZ	特一转债	3.54	是	74.25%	18 580	1.71%
123007.SZ	道氏转债	4.80	是	64.24%	1 392	1.69%
113503.SH	泰晶转债	2.15	是	70.17%	10 696	1.64%

续表

转债代码	转债简称	发行规模（亿元）	控股股东是否参与	原股东获配金额占发行总额的比例	投资者认购倍数（倍）	投资者弃购比例（或主承销商包销比例）
128024.SZ	宁行转债	100.00	是	79.11%	1 915	1.49%
123004.SZ	铁汉转债	11.00	是	66.10%	1 683	1.47%
128022.SZ	众信转债	7.00	是	79.23%	29 641	1.23%
128027.SZ	崇达转债	8.00	是	82.64%	5 350	0.78%
110038.SH	济川转债	8.4316	否	15.17%	8 642	0.76%
113502.SH	嘉澳转债	1.85	是	59.45%	72 772	0.37%
110039.SH	宝信转债	16.00	是	68.43%	12 679	0.29%
110040.SH	生益转债	18.00	是	81.01%	17 672	0.23%
123002.SZ	国祯转债	5.97	是	65.12%	25 736	0.22%
113014.SH	林洋转债	30.00	是	78.47%	33 946	0.20%
128019.SZ	久立转2	10.40	是	72.20%	19 686	0.19%
128021.SZ	兄弟转债	7.00	是	88.59%	74 937	0.18%
128020.SZ	水晶转债	11.80	是	74.53%	22 595	0.18%
128018.SZ	时达转债	8.8251	是	73.87%	24 566	0.17%
113015.SH	隆基转债	28.00	是	83.93%	11 008	0.14%
128016.SZ	雨虹转债	18.40	是	85.50%	75 827	0.11%
113016.SH	小康转债	15.00	是	89.30%	34 312	0.09%
128017.SZ	金禾转债	6.00	是	89.06%	78 564	0.08%
平均数	—	—	—	61.43%	17 657	2.76%
中位数	—	—	—	69.24%	6 996	1.48%

资料来源：Wind，经整理。其中，投资者认购倍数＝除原股东外的其他投资者有效认购金额/（可转债发行总额－原股东认购金额）

表4-4统计了2017年9月实施新的发行承销制度后至2017年年底前启动发行的34只可转债的发行结果情况。从表格中可以看出，仅有吉视转债、蓝思转债、蒙电转债和济川转债等4只可转债大股东未参与优先认购，其中上市公司蓝思科技、内蒙华电的控股股东持股比例分别为

75.17%和56.74%，控股股东的弃购导致"原股东获配金额占发行总额的比例"仅为13.54%和3.72%，远低于平均数61.43%和中位数69.24%。

控股股东弃购比例的增加也会相应地增加优先配售后向其他投资者发行的数量，从而拉低投资者认购倍数。吉视转债、蓝思转债、蒙电转债的认购倍数就处于34只可转债投资者认购倍数的最后几名，远低于平均数17 657倍和中位数6 996倍。当然，可转债发行规模越大，优先配售后向其他投资者发行的数量的绝对值也越大，从而也会降低投资者认购倍数，但宁行转债发行规模100亿元，仍然获得了1 915倍的认购倍数，不仅大幅超过发行规模为48亿元的蓝思转债，也大幅超过了仅有15.6亿元发行规模的吉视转债。如果说拥有信息优势的控股股东放弃优先配售权是其理性选择的结果，那么较低的投资者认购倍数说明其他投资者在决定是否进行申购时也作出了同样理性的判断，即放弃认购投资价值并无吸引力的可转债。实际上，由于时间同步，其他投资者作出这样的判断时并不知道控股股东是否会放弃优先配售权，但T+1日《网上中签率及优先配售结果公告》后，控股股东是否参与本次可转债的优先配售以及参与比例已经大白于天下，其他投资者可在T+2日收市前考虑是否仍然选择缴付认购资金。很显然，在控股股东放弃优先配售的情况下，投资者弃购率会骤然升高，比如蒙电转债、蓝思转债的投资者弃购比例均超过10%，吉视转债则达到了16.11%；济川转债看上去投资者弃购比例仅有0.76%，但也大大超过了其此前发行的可转债的投资者弃购比例，直到半个多月后被众信转债打破。这显然不仅仅是投资者认购倍数下降和弃购率服从大数定律下正态分布的原因，而是投资者主动选择弃购的结果，尽管这些选择弃购的投资者很可能了解自己在连续12个月内仅有3次违约机会。

综上分析，上市公司控股股东参与可转债优先配售，在当前市场环境下很可能面临上市当天即出现浮亏，不参与则有可能造成可转债出现大额包销的不利情况甚至导致发行失败。面对这两难境地，控股股东如何选择？从支持上市公司发展的角度，从可转债本身攻守兼备的特点来看，控股股东积极参与可转债的优先配售不失为一种较优选择。

（五）主承销商的包销责任

《证券法》第二十八条规定："发行人向不特定对象公开发行的证券，法律、行政法规规定应当由证券公司承销的，发行人应当同证券公司签订承销协议。证券承销业务采取代销或者包销方式。证券代销是指证券公司代发行人发售证券，在承销期结束时，将未售出的证券全部退还给发行人的承销方式。证券包销是指证券公司将发行人的证券按照协议全部购入或者在承销期结束时将售后剩余证券全部自行购入的承销方式。"

《证券发行与承销管理办法》第二十三条规定："证券公司承销证券，应当依照《中华人民共和国证券法》第二十八条的规定采用包销或者代销方式。上市公司非公开发行股票未采用自行销售方式或者上市公司配股的，应当采用代销方式。"第二十二条规定："发行人和主承销商应当签订承销协议，在承销协议中界定双方的权利义务关系，约定明确的承销基数。采用包销方式的，应当明确包销责任；采用代销方式的，应当约定发行失败后的处理措施。"

因此，对于可转债发行项目而言，主承销商与上市公司签订余额包销协议，只是其在激烈的市场竞争中为获得投行业务机会而采取的一种策略，并不是法规的明确要求。不过，从目前的市场操作惯例看，除非公开发行股票和配股采取代销的方式外，对可转债、公开增发等公开发行证券的项目，均采取余额包销的方式，久而久之，上市公司就将主承销商的余额包销责任作为可转债承销协议中的一条必备条款了。

退一步说，就是包销本身，《证券发行与承销管理办法》也仅要求主承销商承担有限责任，规定发行人和主承销商在"网下和网上投资者缴款认购的新股或可转换公司债券数量合计不足本次公开发行数量的 70% 时,可以中止发行"。基于此,主承销商通常会在发行公告中明确提示,"本次发行认购金额不足本次发行总额的部分由主承销商包销。主承销商根据资金到账情况确定最终配售结果和包销金额,包销比例不超过本次发行总额的 30%"。

因此,若网下和网上投资者在获配或中签后,放弃缴款的比例超过 30%,主承销商中止发行,将导致可转债发行失败。但在湖广转债和曙光转债两只可转债的发行过程中,主承销商分别包销了 33.55% 和 32.20%,并未在出现投资者超 30% 的弃购比例时中止。可见,中止发行目前对主承销商而言,仅仅是一个软约束,除非主承销商包销能力不足。

二、可转债上市交易

可转债发行结束,发行人和主承销商向中国证券登记结算有限公司(以下简称"登记公司")上海分公司或深圳分公司申请办理可转债登记,获得登记公司的关于可转债的登记托管证明文件后,再向交易所办理可转债上市事宜。可转债从发行结束到上市交易,大约需要 10—20 个交易日的时间。

(一) 可转债上市条件

前文分析了可转债发行所需条件,若要上市交易,还需满足交易所的上市条件。但由于可转债的发行条件中本身包含了上市条件,所以符合发行条件的可转债在申请上市时并不会存在障碍,除非上市公司出现重大不利事项。

我国《证券法》第五十七条规定:"公司债券申请上市,应当符合下述条件:(一) 公司债券的期限为一年以上;(二) 公司债券实际发行额不少于人民币五千万元；（三）公司申请债券上市时仍符合法定的公司债券发行条件。"沪深交易所（指上海证券交易所、深圳证券交易所）对可转债的上市条件没有提出更进一步的要求，仅仅将"公司债券"改为了"可转换公司债券"。

上市公司向交易所申请公开发行可转债上市，应当在可转债上市前5个交易日向证券交易所提交下列文件：

（1）上市申请书；

（2）有关本次发行上市事宜的董事会和股东大会决议；

（3）按照有关规定编制的上市公告书；

（4）保荐协议和保荐人出具的上市保荐书；

（5）发行结束后经具有执行证券、期货相关业务资格的会计师事务所出具的验资报告；

（6）登记公司对可转债登记托管的书面确认文件；

（7）交易所要求的其他文件。

交易所审核通过，上市公司公告可转债上市公告书（有的还公告保荐机构出具的上市保荐书和发行人律师出具的关于可转债申请上市的法律意见书）后，可转债即可在交易所上市交易。

（二）交易机制

可转债作为一种含有换股期权的特殊债券，仍按照债券的交易机制进行交易。根据《上海证券交易所交易规则》（2015年修订）、《关于修订〈上海证券交易所交易规则〉的通知》（上证发〔2018〕59号）、《上海证券交易所证券异常交易实时监控细则》（2015年修订）和《深圳证券交易所交易规则》（2015年修订）、《深圳证券交易所可转换公司债券业务实施细则》（2017年9月修订）等相关规则，可转债的交易机制如下：

1. 交易时间与竞价

上海证券交易所交易的可转债的交易时间为每个交易日 9：15—9：25、9：30—11：30 以及 13：00—15：00，其中，9：20—9：25 的开盘集合竞价阶段，交易所交易主机不接受撤单申报；其他接受交易申报的时间内，未成交申报可以撤销。

深圳证券交易所交易的可转债的交易时间为每个交易日 9：15—9：30、9：30—11：30 以及 13：00—15：00，其中，9：20—9：25 和 14：57—15：00，交易所交易主机不接受参与竞价交易的撤单申报；在其他接受申报的时间内，未成交申报可以撤销。每个交易日 9：25—9：30，交易主机只接受申报，但不对买卖申报或撤销申报作处理。

2. 竞价

可转债竞价交易采用集合竞价和连续竞价两种方式。集合竞价是指在规定时间内接受的买卖申报一次性集中撮合的竞价方式。连续竞价是指对买卖申报逐笔连续撮合的竞价方式。

上交所交易的可转债，集合竞价交易时间为每个交易日 9：15—9：25、9：30—11：30 以及 13：00—15：00 为连续竞价交易时间。

深交所交易的可转债，集合竞价交易时间为每个交易日 9：15—9：25 和 14：57—15：00，9：30—11：30 以及 13：00—14：57 为连续竞价交易时间。

3. 交易申报

可转债每张面额为人民币 100 元，通过竞价交易买入可转债以 1 手（即面值为人民币 1 000 元，深交所以 10 张为 1 手）或者其整数倍进行申报；卖出可转债时，余额不足 1 手（10 张）的部分，应当一次性卖出。可转债单笔申报最大数量应当不超过 10 万手。上交所申报价格最小变动单位为人民币 0.01 元/张，深交所最小变动单位为 0.001 元/张。

4. 涨跌幅

可转债交易不设涨跌幅限制。

上交所交易的可转债，在集合竞价阶段，可转债交易申报价格最高不高于前收盘价格的150%，并且不低于前收盘价格的70%；在连续竞价阶段，申报价格不高于即时揭示的最低卖出价格的110%且不低于即时揭示的最高买入价格的90%；同时不高于上述最高申报价与最低申报价平均数的130%且不低于该平均数的70%。即时揭示中无买入申报价格的，即时揭示的最低卖出价格、最新成交价格中较低者视为前项最高买入价格，即时揭示中无卖出申报价格的，即时揭示的最高买入价格、最新成交价格中较高者视为前项最低卖出价格。

深交所交易的可转债，上市首日开盘集合竞价的有效竞价范围为发行价的上下30%，连续竞价、收盘集合竞价的有效竞价范围为最近成交价的上下10%；非上市首日开盘集合竞价的有效竞价范围为前收盘价的上下10%，连续竞价、收盘集合竞价的有效竞价范围为最近成交价的上下10%。

5. 成交

可转债交易按价格优先、时间优先的原则撮合成交。

价格优先的原则为：较高价格买入申报优先于较低价格买入申报，较低价格卖出申报优先于较高价格卖出申报。

时间优先的原则为：买卖方向、价格相同的，先申报者优先于后申报者。先后顺序按交易主机接受申报的时间确定。

集合竞价时，成交价格的确定原则为：（1）可实现最大成交量的价格；（2）高于该价格的买入申报与低于该价格的卖出申报全部成交的价格；（3）与该价格相同的买方或卖方至少有一方全部成交的价格。两个以上申报价格符合上述条件的，使未成交量最小的申报价格为成交价格；仍有两个以上使未成交量最小的申报价格符合上述条件的，其中间价为成交价格。集合竞价的所有交易以同一价格成交。

连续竞价时，成交价格的确定原则为：（1）最高买入申报价格与最低卖出申报价格相同，以该价格为成交价格；（2）买入申报价格高于即时揭示的最低卖出申报价格的,以即时揭示的最低卖出申报价格为成交价格;(3)卖出申报价格低于即时揭示的最高买入申报价格的,以即时揭示的最高买入申报价格为成交价格。

按成交原则达成的价格不在最小价格变动单位范围内的,按照四舍五入原则取至相应的最小价格变动单位。

6. 回转交易

可转债实行当日回转交易。回转交易是指投资者当日买入的可转债,经确认成交后,在当日交收前全部或部分卖出。也就是说,可转债可以做"T+0"操作。

7. 大宗交易

在上交所交易的可转债,单笔买卖申报数量不低于1 000手,或者交易金额不低于100万元,即可采用大宗交易方式进行交易。深交所对大宗交易的要求是,单笔买卖申报数量不低于5 000张,或者交易金额不低于50万元。

在上交所交易的可转债,每个交易日接受大宗交易申报的时间分别为:(1)9:30—11:30、13:00—15:30接受意向申报;(2)9:30—11:30、13:00—15:30、16:00—17:00接受成交申报;(3)15:00—15:30接受固定价格申报。其中,意向申报是指向不确定对方发出的交易指令,指令包括证券账号、证券代码、买卖方向等;成交申报是指买卖双方就大宗交易达成一致后,分别通过各自委托会员的席位下达申报指令的交易;固定价格申报是指,买卖双方按当日竞价交易市场收盘价格或者当日全天成交量加权平均价格进行申报。交易日的15:00仍处于停牌状态的证券,交易所当日不再接受其大宗交易的申报。每个交易日9:30—15:30时段确认的成交,于当日进行清算交收。每个交易日16:00—17:00时段确认的成交,于次一交易日进行清算交收。

在深交所交易的可转债,采用协议大宗交易和盘后定价大宗交易方式。其中,协议大宗交易是指大宗交易双方互为指定交易对手方,协商确定交易价格及数量的交易方式；盘后定价大宗交易，是指证券交易收盘后按照时间优先的原则，以证券当日收盘价或证券当日成交量加权平均价格对大宗交易买卖申报逐笔连续撮合的交易方式。采用协议大宗交易方式的，申报的时间为每个交易日9：15—11：30、13：00—15：30，成交确认时间为每个交易日15：00—15：30；采用盘后定价大宗交易方式的，申报的时间为每个交易日15：05—15：30，逐笔连续撮合成交。当天全天停牌的证券，不接受其大宗交易申报。

在上交所交易的可转债，其成交申报价格由买卖双方在前收盘价格的上下30%或当日已成交的最高、最低价格之间自行协商确定，每个交易日16：00—17：00接受的申报，适用于当日其他交易时段接受的涨跌幅价格。在深交所交易的可转债，协议大宗交易的成交价格在前收盘价的上下30%之间确定。

8. 熔断机制

2015年12月4日，沪深交易所推出了指数熔断机制，并规定自2016年1月1日起正式施行。所谓指数熔断机制，是指沪深300指数出现下列情形时，交易所可以对股票等相关品种的竞价交易按照下列规定予以暂停：

（1）沪深300指数较前一交易日收盘首次上涨、下跌达到或超过5%的，指数熔断15分钟，熔断时间届满后恢复交易；11：30前未完成的指数熔断，延续至13：00后的交易时段继续进行，直至届满。14：45—15：00期间，沪深300指数较前一交易日首次上涨、下跌达到或超过5%的，指数熔断至当日15：00，当日不再恢复交易。

深交所熔断时间跨越14：57的，于14：57恢复交易并进行收盘集合竞价，但14：45及之后触发的熔断，指数熔断至当日15：00，当日不再恢复交易。

（2）沪深300指数较前一交易日收盘上涨、下跌达到或超过7%的，指数熔断至15：00，当日不再恢复交易。

开盘集合竞价出现上述第（1）（2）项情形的，于 9：30 开始实施指数熔断。深交所于 14：57—15：00 期间不实施指数熔断。

沪深交易所实施指数熔断的品种包括股票、基金、可转换公司债券、可交换公司债券以及交易所认定的其他证券品种。

2016 年 1 月 4 日，沪深交易所实施熔断机制后的第一个交易日，A 股市场遇到史上首次"熔断"。早盘两市双双低开，随后沪指一度跳水大跌，跌破 3 500 点与 3 400 点，各大板块纷纷下挫。午后，沪深 300 指数在开盘之后继续下跌，并于 13：13 分超过 5%，引发熔断，沪深交易所暂停交易 15 分钟。恢复交易之后，沪深 300 指数继续下跌，并于 13：34 分触及 7% 的关口，沪深交易所暂停交易至收市。2016 年 1 月 7 日，早盘 9：42 分，沪深 300 指数跌幅扩大至 5%，再度触发熔断线，两市在 9：57 分恢复交易；但开盘后仅 3 分钟，沪深 300 指数再度快速探底，最大跌幅 7.21%，二度熔断触及阈值。这是 2016 年以来的第二次提前收盘，同时也创造了 A 股市场休市最快纪录。

指数熔断机制推出的初衷是抑制投资者追涨杀跌的羊群效应，降低股票市场的波动，避免 A 股市场再次出现 2015 年 6 月份的雪崩式下跌，但从实际操作经验看，由于熔断机制有一定的"磁吸效应"，即在接近熔断阈值时部分投资者提前交易，导致股指加速触碰熔断阈值，反而起到了助跌的作用，引致市场非理性下跌。因此，在运行仅仅 4 个交易日后，中国证监会于 2016 年 1 月 7 日晚间暂停了指数熔断机制。

2018 年 8 月 20 日，《上海证券交易所证券异常交易实时监控细则》（2018 年修订）正式实施，《上海证券交易所证券异常交易实时监控细则》（2015 年修订）被废止，但仍保留了对竞价交易下异常波动情况下的证券实施盘中临时停牌的措施，即对单个证券实施熔断机制。

根据规定，对上交所交易的可转债而言，盘中交易价格较前收盘价首次上涨或下跌超过 20%（含）、单次上涨或下跌超过 30%（含），或者涉嫌存在违法违规交易行为，且可能对交易价格产生严重影响或者严重

误导其他投资者的,交易所将实施盘中临时停牌。停牌时间按下述标准执行:

(1) 首次盘中临时停牌持续时间为 30 分钟;

(2) 首次停牌时间达到或超过 14:57 的,当日 14:57 复牌;

(3) 因涉嫌存在违法违规交易行为停牌的,首次盘中临时停牌持续至当日 14:57,必要时可以持续至当日收盘;

(4) 第二次盘中临时停牌时间持续至当日 14:57。

这就不难理解,于 2017 年 11 月 13 日上市交易的林洋转债(113014.SH)开盘上涨 20.10% 达到 120.10 元/张后,被交易所实施临时停牌 30 分钟至当日 9:59。其后,林洋转债价格继续上冲最高至 134.87 元/张,即上涨幅度超过 30%,触发了第二次临时停牌的情形,被交易所临时停牌至当日 14:55(当时适用的是《上海证券交易所证券交易实时监控细则》(2015 年修订)的临时停牌规定)。收盘前 5 分钟,林洋转债从 130 元/张下跌至 120.55 元/张,当天上涨 20.55%。

深交所并无对可转债交易实施熔断的相关规定。

(三) 特别股东认购可转债的交易问题

持有上市公司股份的董事、监事和高级管理人员以及上市公司持股 5% 以上的股东(这里统称"特别股东")参与了可转债的优先配售之后,通常会非常关心以下两个问题:

(1) 可转债认购后是否像认购非公开发行的股票一样有限售期;

(2) 可转债是否要避免发生短线交易。

董事、监事和高级管理人员还关心其在任职期间每年转让的可转债是否不得超过其所持有的可转债总数的 25%。

首先看限售期问题。《上市公司证券发行管理办法》和《创业板上市公司证券发行管理暂行办法》对上市公司非公开发行的股票规定自发行结束之日起 12 个月内不得转让,控股股东、实际控制人及其控制的企业认购的股份，36个月内不得转让；但对公开发行的证券，包括配股、公开增发和发行可转债均无限售期的规定。这也是公开发行证券和非公开发行证券之间重要区别之一，从立法意图上看，对于人数超过200人或不特定对象的投资者参与认购的证券不能有太多的约束。因此，特别股东认购的可转债，在上市后即可卖出。

其次再看短线交易问题。短线交易的规定来源于《证券法》第四十七条："上市公司董事、监事、高级管理人员、持有上市公司股份百分之五以上的股东，将其持有的该公司的股票在买入后6个月内卖出，或者在卖出后6个月内又买入，由此所得收益归该公司所有，公司董事会应当收回其所得收益。"需要注意的是，这里仅仅指股票，不包括可转债。

最后看看董事、监事和高级管理人员任职期间证券卖出限制问题。《公司法》第一百四十一条规定："公司董事、监事、高级管理人员应当向公司申报所持有的本公司的股份及其变动情况，在任职期间每年转让的股份不得超过其所持有本公司股份总数的百分之二十五；所持本公司股份自公司股票上市交易之日起一年内不得转让。上述人员离职后半年内，不得转让其所持有的本公司股份。"这里也仅仅指股份，而不包括可转债。

因此，特别股东所担心的可转债交易受限问题均不存在。上述问题也可这么理解，可转债在转股之前就是一只债券，适用的交易规则跟普通债券并无差别。实际上，可转债上市后即被特别股东大笔抛售早已司空见惯，市场也习以为常。例如，林洋转债（113014.SH）于上市交易当天及次一交易日即遭上市公司林洋能源（601222.SH）的控股股东启东市华虹电子有限公司及其一致行动人南通华强投资有限公司减持300万张，占该次可转债发行总量的10%；其后，控股股东及其一致行动人又在随后的5个交易日内再减持300万张可转债。此前，上市公司东方雨虹（002271.SZ）的控股股东李卫国及其一致行动人李兴国也同样选择在雨虹转债（128016.SZ）上市交易的当天及次一交易日进行减持，减持比例为10%，并在随后的4个交易日再次减持10%的可转债。

需要特别注意的是，特别股东在可转债进入转股期后，如果选择的是将其转股而不是直接卖出，则将按照持股的相关规定进行买卖。

（四）可转债上市表现

可转债上市后，可以像股票一样在交易所公开交易，在交易过程中形成一系列成交价格，比如每日开盘价、最高价、最低价和收盘价等，投资者也将从可转债价格的涨跌中获利或发生亏损。

1. 可转债上市后的涨跌幅

根据Wind资讯，2006年至2017年期间上市的128只可转债上市首日收盘平均涨幅为10.78%，上市首周收盘平均涨幅为10.74%，上市首月收盘平均涨幅为12.35%，总体处于盈利状态。因此，通过一级市场申购可转债有一定的赚钱效应。

进一步地，剔除2017年9月信用申购制度实施以后上市的可转债，111只可转债的上市首日收盘平均涨幅为11.30%，上市首周收盘平均涨幅为11.55%，上市首月收盘平均涨幅为13.16%，与前者表现有差异但并不显著。因此，信用申购制度对可转债上市首日表现的影响并不显著。

基于上述统计结果，这里要澄清一个误区：有些发行人认为，采取网下发行方式不仅能争取到更多机构投资者的认购，降低发行风险，而且还有助于提升可转债的后市表现。关于发行阶段的机构投资者认购问题，本章前面"可转债发行簿记"之"发行方式的选择"中已经做过分析；而对比信用申购制度实施前后可转债的市场表现数据可见，网下发行方式对可转债后市表现并无帮助。其根本原因是，可转债上市后即进入二级市场并按照"T+0"交易方式交易，此时拥有定价优势、资金优势和信息优势的机构投资者不仅有参与一级市场发行的机构投资者，还包括参与二级市场的机构投资者，因此，可转债的成交价格是彼此之间或多方共同博弈的结果。

2. 可转债上市后的换手率

根据 Wind 资讯, 2006 年至 2017 年期间上市的 128 只可转债上市首日换手率为 46.44%, 即上市当天近一半的可转债已经易手, 这给参与优先配售的特别股东一个很好的抛售机会。事实上, 根据前文分析, 上市公司控股股东及其一致行动人确实选择了在可转债上市首日进行大比例减持。

进一步地, 根据 Wind 资讯, 截至 2017 年 12 月 31 日仍存续的 35 只可转债上市次日的平均换手率为 21.48%, 相对于上市首日换手率有了大幅下降; 但若再统计此后交易日的成交数据, 则会发现上市次日的交投仍然活跃很多。而且随着交易时间的推进, 可转债的成交量会出现逐渐萎缩的趋势, 除非市场或正股有实质性利好或利空消息出现。这说明除了参与一级市场的投资者急于在可转债上市前几个交易日内套现卖出外, 真正参与可转债二级市场交易的投资者并不多。这个规律对参与可转债优先配售的特别股东的交易策略具有一定的指导意义, 即若特别股东想尽快套现退出, 最好在可转债上市首日及次日即卖出, 否则后续会因成交量的萎缩而拉长卖出时间。当然, 卖出策略中除了要考虑成交量的因素之外, 还得考虑成交价格。

(五) 可转债的相对估值

本书第一章 "可转债基本理论" 里对可转债的绝对估值模型有过论述, 但由于该估值模型的参数获取较为繁琐, 且计算过程较为复杂, 使用起来并不方便, 市场更倾向于用相对估值法来判断可转债的价值。股票的相对估值法有市盈率 (PE)、市净率 (PB)、市销率 (PS) 以及企业价值倍数 (EV/EBITDA), 可转债也有相对估值法, 包括纯债溢价率、转股溢价率和转换平价等。

1. 纯债溢价率

纯债溢价率是指可转债市场价格相对于可转债纯债价值的溢价水平，其中可转债纯债券价值一般用现金流贴现来计算，可用公式表述为：

$$纯债溢价率 = \left(\frac{可转债市场价格}{可转债纯债价值} - 1\right) \times 100\%$$

其中，

$$可转债纯债价值 = \sum_{n=1}^{N} \frac{I_n}{(1+i)^n} + \frac{FV}{(1+i)^N}$$

上述公式中，N 表示债券期限；I_n 为可转债第 n 年支付的利息（每年可能都不完全相同）；i 为债券贴现率；FV 为可转债到期价值，即到期赎回价格，或者面值、最后一年利息、到期补偿利息之和。

举例来说，国君转债（113013.SH）于 2018 年 2 月 23 日的收盘价为 108.99 元/张，即可转债市场价格为 108.99 元/张。国君转债剩余期限为 5.3699 年，纯债贴现率为 5.3254%（等于同期上交所企业债收益率），于 2017 年 7 月 7 日起息，票面利率第一年为 0.2%、第二年为 0.5%、第三年为 1.0%、第四年为 1.5%、第五年为 1.8%、第六年为 2.0%，到期赎回价格为 105 元/张（含最后一期利息），由此计算出国君转债的纯债价值为 81.02 元/张，纯债溢价率为（108.99 ÷ 81.02 - 1）× 100% 或 34.52%。

纯债溢价率通常用来衡量可转债的债性。纯债溢价率越大，表明可转债市场价格超过了其作为纯债券的价值，其蕴含的转股价值也就越大，说明投资者转股意愿较强，股性较强，债性较弱；纯债溢价率越小，则可转债价格主要体现为其作为债券的价值，此时债性较强。

同时，纯债溢价率还可作为可转债投资的安全边际。纯债溢价率越低，表明可转债市场价格越接近其纯债价值，此时，不论正股价格是否下跌，可转债市场价格不会继续跟随下跌；反之，纯债溢价率越高，表明可转债市场价格偏离其纯债价值越远，若正股价格继续下跌，则可转债市场价格也将随之下跌。

另外，到期收益率也常用来衡量可转债投资的安全边际。到期收益率是按照目前市价买入可转债持有到期能够获得的收益水平。到期收益率水平越高，则转债的债性就越强，表明基础股票价格下跌对可转换债券价格的影响越弱。

2. 转股溢价率

转股溢价率是指可转债市价相对于其转换后价值的溢价水平，可用公式表述为：

$$转股溢价率 = \left(\frac{可转债市场价格}{可转债转换价值} - 1\right) \times 100\%$$

其中：

$$可转债转换价值 = 转换比例 \times 标的股票市场价格$$

$$转换比例 = \frac{可转债每张面值}{当期转股价格}$$

仍以国君转债（113013.SH）为例。国君转债当前的换股价格为 20.20 元/股，因此，每张的换股比例为"100/20.20"或 4.9505；国泰君安（601211.SH）于 2018 年 3 月 23 日的收盘价为 17.75 元/股，因此，国君转债的可转债转换价值为 87.87 元/张。考虑到当日国君转债的收盘价为 108.99 元/张，由此可计算出国君转债的转股溢价率为 24.03%。

转股溢价率通常用来衡量可转债的股性。转股溢价率越低，正股的上涨幅度就会越充分地传导到可转债上，可转债的股性就越强；相反，转股溢价率越高，可转债越难跟上正股上涨，对正股的上涨反应越滞后，可转债的股性就越弱。

转股溢价较高，说明投资者普遍对正股后市表现看好。但若行情调整时，投资者对可转债后市表现的预期也会发生变化。此时，若可转债转股溢价率较高，可转债市场价格将面临双重调整压力：一是正股价格下跌带来的回调压力；二是投资者的预期改变，对转股溢价率的容忍程度降低带来的回调压力，类似于股票的戴维斯双杀。双重调整的叠加，甚至可能会造成可转债市场价格单日跌幅远大于正股跌幅的现象。

当正股涨速过快导致触发有条件赎回条款，可转债面临被发行人强制赎回的压力时，可转债再上涨将导致投资者转股退出的代价更高（可转债被发行人强制赎回的话，投资者获得的对价更低，从而获得更低的收益或发生更大的亏损）。因此，投资者对转股溢价率的容忍程度也将降低，可转债市场价格同样面临回调压力。

转股溢价率通常鲜有可能为负数，转股溢价率为负意味着可转债市场价格发生折价，投资者就有机会采取"先买入转债再转股卖出"进行套利，市场套利的结果是最终走向均衡，即消除可转债转股后获得的差价。

转股溢价率可以用来解释可转债上市当天即跌破面值的现象。以2017年9月至2018年2月23日期间上市的可转债为例，详见表4-5。

表4-5　　　　转股溢价率与转债上市首日表现的关系

转债代码	转债名称	上市日期	首次收盘价跌破面值日期	首次跌破面值日转债收盘价（元/张）	首次跌破面值日转股溢价率（%）	首次跌破面值日正股价格相对转股价格跌幅（%）
128034.SZ	江阴转债	2018-2-14	2018-2-14	97.76	17.98	-17.14
123003.SZ	蓝思转债	2018-1-17	2018-1-17	95.709	29.90	-26.32
113017.SH	吉视转债	2018-1-15	2018-1-15	98.08	-0.59	-1.34
128026.SZ	众兴转债	2018-1-3	2018-1-3	99.69	5.53	-5.54

续表

转债代码	转债名称	上市日期	首次收盘价跌破面值日期	首次跌破面值日转债收盘价（元/张）	首次跌破面值日转股溢价率（%）	首次跌破面值日正股价格相对转股价格跌幅（%）
128025.SZ	特一转债	2017-12-28	2017-12-28	97.463	9.86	-11.29
110040.SH	生益转债	2017-12-11	2017-12-11	99.99	17.71	-15.05
110039.SH	宝信转债	2017-12-5	2017-12-5	96.88	11.45	-13.06
128018.SZ	时达转债	2017-12-4	2017-12-4	96.56	10.83	-12.86
平均数	—	—	—	—	12.83	-12.83

资料来源：Wind，截至2018年2月23日。

从表4-5可见，可转债上市首日收盘时，尽管其转股溢价率有高有低，但平均来看，转股溢价率超过10%即面临跌破面值的风险。实际上，用"正股价格相对转股价格跌幅"指标计算的平均数与转股溢价率保持一致，表明可转债发行完到上市首日正股价格相对转股价格的下跌幅度越大，可转债市场价格越容易跌破面值，基本上下跌超过10%，跌破面值的概率就显著增加。

综上所述，以反映可转债债性的纯债溢价率和反映可转债股性的转股溢价率作为坐标轴，对截至2018年2月23日存续的94只未到期的可转债进行分析，可得出其股性、债性偏离情况如图4-1所示。

3. 转换平价

可转债转换平价是指使可转债市场价格等于该可转债转换价值时的标的股票（正股）的每股价格，可用公式表述为：

$$转换平价 = \frac{可转债市场价格}{转换比例}$$

由此，可得到：

$$可转债市场价格 = 转换平价 \times 转换比例$$

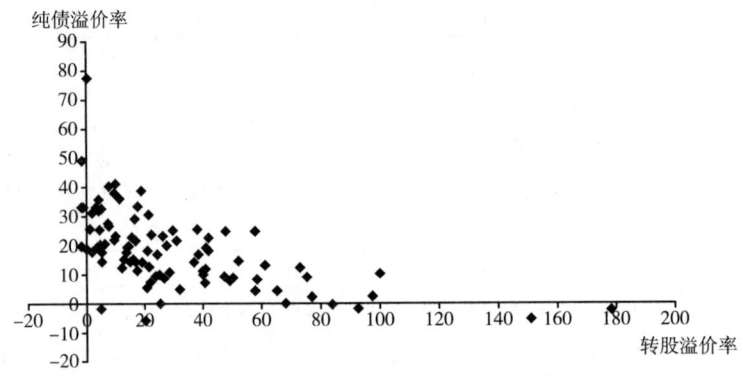

图4-1 可转债股性和债性偏离情况

资料来源：Wind，截至2018年9月25日。

仍以国君转债（113013.SH）为例。国君转债于2018年3月23日的收盘价为108.99元/张，当前的转换比例为4.9505，因此，国君转债的转换平价为22.02元/股。

结合上述可转债转换价值的公式，不难看出，当转换平价大于标的股票的市场价格时，可转债市场价格大于可转债转换价值，即可转债投资者转股前所持有的可转债的市场价值大于实施转股后所持有的标的股票的总市值，如果不考虑标的股票价格未来变化，此时转股对持有人不利。相反，当转换平价小于标的股票的市场价格时，可转债市场价格小于可转债转换价值，即可转债投资者转股前所持有的可转债的市场价值小于实施转股后所持有的标的股票的总市值，如果不考虑标的股票价格未来变化，此时转股对持有人有利。

正因为如此，转换平价可被视为已将可转债转换为标的股票的投资者的盈亏平衡点。由于可转债转股具有不可逆性，即转股后不能将标的股票再转为可转债，因此，对于已将可转债转换为标的股票的投资者来说，当初购买可转债价格的高低已不重要，重要的是依据购买价格计算出转换平价，并将转换平价与目前标的股票市场价格进行比较，以判断出售目前持有的标的股票可否盈利。

当可转债市场价格大于可转债转换价值时，前者减后者所得的数值被称为可转债的转换升水，用公式表述为：

$$转换升水 = 可转债市场价格 - 可转债转换价值$$

相应地，可得到转换升水率：

$$转换升水率 = \frac{转换升水}{可转债转换价值} \times 100\%$$

结合上述转换平价计算公式，可得出：

$$转换升水率 = \frac{(转换平价 - 标的股票市场价格)}{标的股票市场价格} \times 100\%$$

当可转债市场价格小于可转债转换价值时，后者减前者所得的数值被称为可转债的转换贴水，用公式表述为：

$$转换贴水 = 可转债转换价值 - 可转债市价格$$

相应地，可得到转换贴水率：

$$转换贴水率 = \frac{转换贴水}{可转债转换价值} \times 100\%$$

结合上述转换平价计算公式，可得出：

$$转换贴水率 = \frac{(标的股票市场价格 - 转换平价)}{标的股票市场价格} \times 100\%$$

仍以国君转债（113013.SH）为例。2018年3月23日，国君转债的收盘价为108.99元/张，按当前转股价格计算的转换比例为4.9505，转换平价为22.02元/股；标的股票国泰君安（601211.SH）的收盘价为17.75元/股，因此，国君转债处于转换升水状态，转换升水率为"(22.02 - 17.75)/17.75"或24.06%。

由上可见，处于转换升水状态的可转债在转股时将发生亏损，而处于转换贴水状态的可转债虽然转股能获利，但就像转股溢价率为负一样，在转换贴水率为负时会存在无风险套利机会，投资者套利的结果是市场将达到均衡状态，即无转换贴水的状态。

（六）可转债投资的退出方式

投资者通过一级市场认购或者二级市场买入可转债后，可通过直接卖出、转股卖出、被强制赎回、行使回售权和持有至到期等五种方式实现退出。

1. 直接卖出

直接在二级市场卖出，是可转债最简单的退出方式。在交投足够活跃的情况下，也是最快捷的退出方式。该方式下，投资者在可转债的买入价和卖出价的价差之中获得资本利得或承担投资损失（不考虑交易费用和期间利息收入）。此时，投资者以什么样的转换平价买入可转债对其能否获利非常关键。

2. 转股卖出

根据前文分析，当可转债的转股溢价率为负数时，理论上通过转股并卖出能实现套利；当可转债的转股溢价率为正数时，直接卖出可转债能获得更高的市值。

需要注意的是，可转债转股后获得的股票当天不能卖出，"T+1"之后才能卖出，因此转股存在股价下跌风险，极端情况下，转股当天即出现跌停，第二天再以跌停开盘，则将给投资者带来20%左右的投资损失。此外，特别股东所持可转债转股后，还需避免卖出构成短线交易；作为上市公司的董事、监事和高级管理人员则需留意其在职期间每年卖出股票的比例限制。

若可转债交投不活跃但正股交投较为活跃，投资者所持可转债数量较多且急于套现，则将可转债分批转股并卖出不失为一种较好的退出方式。

3. 被强制赎回

可转债发行条款中通常会约定，在可转债转股期内，标的股票的收盘价格持续一段时间在当期转股价格的一定涨幅之上，则发行人有权以可转债面值及其当期应计利息赎回该可转债。换言之，在转股期内，当正股价格上涨幅度较大时，投资者所持可转债有被强制赎回的风险。

正股价格的大幅上涨，加之可转债绝大多数情况下拥有正的转股溢价率，可转债市场价格将远高于其面值与当期应计利息之和，此时被发行人强制赎回则损失未免过大。不过，投资者大可不必担心，因为即便触发上述强制赎回条款，发行人按照规定须留有一定时间充分提示投资者并让其作出选择，是接受赎回还是自行转股。理性的投资者肯定会选择在发行人实施赎回权利日之前完成转股，但也有投资者因未关注相关信息或由于其他原因导致其所持的可转债最终被强制赎回。

4. 行使回售权

通常，可转债会在发行条款中设置有条件回售条款，约定在可转债到期前的某段时间，比如到期前2年内，标的股票的收盘价格持续一段时间在当期转股价格的一定跌幅之下，则投资者有权以可转债面值及其当期应计利息回售给发行人。

设置有条件回售条款并不是可转债发行的必要条件，其目的在于给予投资者在标的股票表现不及预期的时候一个提前退出的权利，同时也可以理解为促使发行人向下修正转股价格的一个警示性条款，在发行人面临回售压力的时候可以通过向下修正转股价格来避免触发回售条款的发生。若发行人选择向下修正转股价格，可转债的期权价值得到重估，其市场价格也将可能随之上涨，投资者因此获利或减少亏损。

若发行人不愿向下修正转股价格，投资者可以通过行使回售权退出。此时，投资者将面临截然不同的两种投资结果，若持有成本在面值之上，则回售即亏损；若持有成本在面值之下，即在可转债下跌至面值之下后再买入，则回售能获得资本利得。因此，投资者可以充分利用有条件回售条款进行投资套利。

5. 持有至到期

若可转债存续期内标的股票价格表现不佳，且发行人未主动向下修正转股价格，有条件回售条款亦未设置或未被触发，导致投资者被动持有可转债至债券到期，则根据募集说明书约定，可转债将被发行人以高于面值的一定价格赎回（已包含当期应计利息）。此时，投资者所持可转债虽然因到期赎回条款获得了一定的利息补偿，但考虑年化收益，显然不及投资同期限、同评级的普通债券。

根据 Wind 资讯，2006 年 1 月 1 日至 2017 年 12 月 31 日期间共发行的 143 只可转债（不含分离交易可转债）中，已摘牌退市的有 90 只，占比为 62.94%。其中，主要以转股方式退出（转股比例占可转债发行总额的 90%以上）的有 67 只，占退市可转债的 74.44%；以转股和强制赎回方式退出的仅有吉视转债（113007.SH）1 只，占退市转债的 1.11%；以转股、回售和到期赎回方式退出的仅有澄星转债（110078.SH）1 只，占退市转债的 1.11%；主要以回售方式退出的仅有双良转债（110009.SH）1 只，占退市转债的 1.11%；以到期赎回方式退出的有 20 只，占退市转债的 22.22%。

可见，不管股市怎么波动，在 5 年或 6 年的期限内，绝大部分可转债还是以转股的方式实现退出。

三、可转债后续监管

可转债募集资金到位及上市后，根据《上市公司证券发行管理办法》《创业板上市公司证券发行管理暂行办法》，上交所《上市公司募集资金管理办法》《上市公司股票上市规则》，深交所《上市公司规范运作指引》《可转换公司债券业务实施细则》等规定，上市公司还需要按照募集书的约定，规范使用募集资金，及时履行转股、转股价格调整或向下修正、回售、本息兑付或到期赎回等义务，或行使有条件赎回权利。具体规定如表 4-6 所示。

第四章 可转债发行、上市与后续监管

表4-6 可转债后续督导的具体规定

事项	上交所相关规定	深交所相关要求
募集资金	・上市公司应当在募集资金到账后1个月内与保荐机构、存放募集资金所在商业银行签订募集资金专户存储三方监管协议，并在协议签订后2个交易日内向交易所备案并公告；上述协议在有效期届满前提前终止、因保荐机构或商业银行变更等原因提前终止的，上市公司应当自协议签订之日起两周内与相关当事人签订新的协议，并在协议签订后2个交易日内向交易所报告备案并公告 ・上市公司以募集资金预先投入募集投资项目的，可以在募集资金到账后6个月内，以募集资金置换自筹资金，但应当经上市公司董事会审议通过、会计师事务所出具鉴证报告，由独立董事、监事会、保荐机构发表明确同意意见，并在董事会会议后2个交易日内向交易所报告和公告 ・上市公司闲置募集资金可进行现金管理（不得超过12个月），仅限于主营业务相关报告经营使用，不得通过直接或者间接安排用于新股配售、申购，或者用于股票及其衍生品种、可转换公司债券及其衍生品种、可转换公司债券的交易等，保荐机构、独立董事、监事会应当明确同意意见，上市公司应当在董事会议同意后2个交易日内向交易所报告并公告	・上市公司应当在募集资金到位后1个月内与保荐机构、存放募集资金的商业银行签订三方监管协议，并在签订后及时向交易所备案并公告；上述协议在有效期届满前终止的，公司应当自协议终止之日起1个月内与相关当事人签订新的协议，并及时报本所备案后公告 ・上市公司以募集资金预先投入募集投资项目，会计师事务所出具鉴证报告，应当经公司董事会审议通过，并经独立董事、监事会、保荐机构发表明确意见。公司已在发行申请文件中披露拟以预先投入的自筹资金置换募集资金的，应当在置换实施对外披露义务后方可实施 ・上市公司闲置募集资金可进行现金管理（要求安全性高、流动性好，且使用期限不超过12个月（创业板不要求）或暂时用于补充流动资金的（不得超过12个月），要求过去12个月内未进行风险投资，并承诺在使用闲置募集资金暂时补充流动资金期间不进行风险投资，不对控股子公司以外的对象提供财务资助，且仅限于与主营业务相关的生产经营使用，不得通过直接或者间接安排用于新股配售、申购，或用于股票及其衍生品种、可转债等交易，并应当经董事会审议通过，独立董事、监事会、保荐机构发表明确同意意见并披露

续表

事项	上交所相关规定	深交所相关要求
募集资金	• 节余集资金（包括利息收入）在募集资金净额10%以上的，应当经董事会审议通过，上市公司应当经董事会审议通过，且经独立董事、监事会、保荐机构发表明确同意意见后方可使用；节余募集资金净额10%的，应当经董事会审议通过，且独立董事、监事会发表明确同意意见后方可使用。上市公司使用节余募集资金应在董事会会议后2个交易日内向交易所报告并公告。节余募集资金低于500万元或者低于募集资金净额5%的，可以免于履行前款程序，其使用情况应在最近一期定期报告中披露 • 单个募投项目完成后，上市公司将该项目节余募集资金（包括利息收入）用于其他募投项目的，应当经董事会审议通过。上市公司应在董事会会议后2个交易日内报告交易所并公告；低于100万元或者低于募集承诺投资额5%的，可以免于履行前款程序，节余募集资金（包括补充流动资金）的，应当参照变更募投项目应履行相应程序及披露义务 • 上市公司募投项目发生变更的，必须经董事会、监事会发表明确同意意见后方可变更，且仅变更募投项目实施地的，但应当经上市公司董事会审议通过，并在2个交易日内报告本所并公告变更原因及保荐机构的意见	• 节余募集资金（包括利息收入）在募集资金净额10%以上的，上市公司应当经董事会和股东大会审议通过，监事会、保荐机构发表明确同意意见后方可使用；节余募集资金净额10%的，应当经董事会审议通过，保荐机构发表明确同意意见后方可使用。上市公司使用节余募集资金应在董事会会议后2个交易日或者低于500万元或情况应在最近一期定期报告中披露 • 单个募投项目完成后，上市公司将该项目节余募集资金（包括利息收入）用于其他募投项目的，应当经董事会审议通过，且经保荐机构发表明确同意意见后方可使用。上市公司应在董事会会议后2个交易日内报告交易所并公告；低于100万元或者低于该项目募集资金承诺投资额1%的，可以豁免履行前款程序，其使用情况应在年度报告中披露；节余募集资金（包括补充流动资金）的，应当参照变更募投项目应履行相应程序及披露义务 • 对创业板而言，单个或者全部募集资金投资项目完成后，上市公司将少量节余资金（包括利息收入）用作其他用途的，低于100万元人民币或者低于单个项目或者全部项目募集资金承诺投资额1%的，可以豁免履行年度报告中披露程序，其使用情况应当在年度报告中披露；节余募集项目计划投资金额（包括利息收入）超过单个或者全部募集资金的30%或者以上，需提交股东大会审议通过

续表

事项	上交所相关规定	深交所相关要求
募集资金	・上市公司董事会应当每半年度全面核查募投项目的进展情况，对募集资金存放与使用情况出具《公司募集资金存放与实际使用情况的专项报告》；年度审计时，上市公司应当聘请会计师事务所对募集资金存放与使用情况出具鉴证报告，保荐机构应当进行一次现场调查，每个会计年度对上市公司每半年度及年度募集资金存放与使用情况应当专项核查报告并披露	・上市公司募投项目发生变更的，必须经董事会、股东大会审议通过，且经独立董事、保荐机构、监事会发表明确同意意见后方可变更；仅变更募投项目实施地点的，应当经上市公司董事会审议通过，并在2个交易日内公告实施地点改变情况，原因，对募集投资项目实施造成的影响情况以及保荐机构出具的意见 ・上市公司内部审计部门应当至少每季度对募集资金的存放与使用情况检查一次，并反馈向董事会报告结果；上市公司当年存在募集资金运用的，董事会应当出具募集资金半年度及年度存放与使用情况专项报告，并聘请会计师事务所至少每年对年度募集资金存放与使用情况进行一次现场检查，每个会计年度对上市公司每半年度及年度募集资金存放与使用情况出具专项核查报告并披露
转股提示	・上市公司应当在可转换公司债券开始转股前3个交易日内披露实施转股的公告 ・上市公司应当在每一季度结束后及时披露可转换公司债券转换为股份的股份变动情况 ・可转换公司债券转换为股票的份额累计达到可转换公司债券开始转股前公司已发行股份总额10%的，应及时公告 ・上市公司发布3次提示性公告，提醒投资者有关可转换公司债券按规定须前的10个交易日停止交易的事项。公司出现10个交易日停止交易的其他情形时，应当在获悉其可转换公司债券停止交易后及时披露的公告	・上市公司应当在可转换公司债券开始转股前3个交易日内披露实施转股的公告，**公告内容包括可转债的基本情况、转股的起止时间、转股的程序、转股价格的历次调整和修正情况等** ・上市公司应当在每一季度结束后及时披露可转换公司债券转换为股份的股份变动情况 ・可转换公司债券转换为股份的份额累计达到可转换公司债券开始转股前公司已发行股份总额10%的，应及时公告 ・上市公司至少发布3次提示性公告，提醒投资者有关事项在交易日结束前的20个交易日内可转换公司债券按规定须前的10个交易日停止交易的公告。公司出现有关情形后，应当在获悉其可转换公司债券将停止交易的情形时，及时披露有关情形后的公告

续表

事项	上交所相关规定	深交所相关要求
转股价格调整或向下修正	・因发行新股、送股、分立及其他原因引起股份变动，需要调整转股价格，或者依据募集说明书约定的转股价格向下修正条款修正转股价格的应及时公告	・因发行新股、送股、分立及其他原因引起股份变动，需要调整转股价格，或者依据募集说明书约定的转股价格向下修正条款修正转股价格的应及时公告
赎回	・上市公司应当在满足可转换公司债券赎回条件的下一交易日发布公告，明确披露是否行使赎回权。如决定不提示性公告，公司还应当在赎回期结束前至少发布3次赎回权的，公告应当载明赎回程序、赎回价格、付款方法、付款时间、赎回结果及其影响 ・公司应当公告赎回结果及赎回部分可转债	・上市公司行使赎回权时，应当在每年首次满足赎回条件后的5个交易日内至少发布3次赎回公告。赎回公告应当载明赎回程序、价格、付款方法、时间等内容。赎回期结束，公司应当公告赎回部分或全部可转股和转股 ・发行人可以行使赎回权，按约定的价格赎回全部或部分转股的可转债。发行人刊登赎回结果时，可转债停止交易和转让，自赎回期结束后的7个交易日内，发行人刊登赎回结果公告的，按一定比例赎回的，为赎回登记，交收手续后，恢复交易和转让
回售	・上市公司应当在满足可转换公司债券回售条件的下一交易日发布公告，并在回售期结束前至少发布3次回售提示性公告，公告应当载明回售程序、回售价格、付款方法、付款时间及其影响 ・变更可转换公司债券募集资金投资项目的，上市公司应当在股东大会通过决议后20个交易日内赋予可转换公司债券持有人一次回售的权利，有关决议公告后5个交易日内至少发布3次，其中，在回售实施前，股东大会决议公告后5个交易日内至少发布一次，在回售实施期间至少发布一次，余下一次回售公告的发布时间视需要而定	・在可以行使回售权的年份内，上市公司应当在每年首次满足回售条件后的5个交易日内发布3次回售公告。回售公告应当载明回售的程序、价格、付款方法、时间等内容，公司应当公告大批推变更募集资金投资项目的，有关决议公告后20个交易日内发布3次，其中，在回售公告后至少发布一次，在回售实施前，股东大会决议公告后5个交易日内至少发布一次，在回售实施期间视需要而定 ・自回售期结束后的7个交易日内，发行人刊登回售结果公告

续表

事项	上交所相关规定	深交所相关要求
本息兑付	·上市公司应当在可转换公司债券约定的付息日前3—5个交易日内披露付息公告；在可转换公司债券期满后两个交易日内披露本息兑付公告	·上市公司应当在可转换公司债券约定的付息日前3—5个交易日内披露付息公告，在可转换公司债券期满前3—5个交易日内披露本息兑付公告
跟踪评级	·资信评级机构每年至少公告一次跟踪评级报告 ·有资格的信用评级机构对可转换公司债券的信用或者公司的信用进行评级，并已出具信用评级结果的，应及时公告	·资信评级机构每年至少公告一次跟踪评级报告 ·有资格的信用评级机构对可转换公司债券的信用或者公司的信用进行评级，并已出具信用评级结果的，应及时公告
重大事项	·公司信用状况发生重大变化，可能影响如期偿还债券本息的，应及时公告 ·可转换公司债券担保人发生重大资产变动、重大诉讼，或者涉及分立、合并等情况的，应及时公告 ·未转换的可转换公司债券面值总额少于3 000万元的	·公司信用状况发生重大变化，可能影响如期偿还债券本息的，应及时公告 ·可转换公司债券担保人发生重大资产变动、重大诉讼，或者涉及分立、合并等情况的，应及时公告 ·未转换的可转换公司债券面值总额少于3 000万元的
停复牌	·参照标的股票停牌复牌规定	·参照标的股票停牌复牌规定
暂停转股	·主动向下修正转股价格 ·实施利润分配或者资本公积金转增股本方案	·无相应规定

续表

事项	上交所相关规定	深交所相关要求
停止交易	・可转换公司债券流通面值总额少于3 000万元,且上市公司发布相关公告3个交易日后;公司行使赎回权期间发生前述情形的,可转换公司债券不停止交易 ・可转换公司债券自转换期结束之前的第10个交易日起	・可转换公司债券流通面值少于3 000万元时,在公司发布相关公告3个交易日后停止其交易 ・可转换公司债券转换期结束前的10个交易日停止其交易 ・可转换公司债券自赎回期间停止其交易
暂停上市	・公司有重大违法行为 ・公司情况发生重大变化不符合可转换公司债券上市条件 ・发行可转换公司债券所募集的资金不按照核准的用途使用 ・未按照两个会计年度经审计的净利润为负值 ・公司最近两个会计年度经审计的净利润为负值 ・因净利润、净资产、营业收入、审计意见类型、定期报告未按期披露、股本总额、股本变化不符合上市条件、欺诈发行、重大信息披露违法等情形导致公司标的股票被本所暂停上市	・公司有重大违法行为 ・公司情况发生重大变化不符合可转换公司债券上市条件 ・发行可转换公司债券所募集的资金不按照募集办法履行义务 ・未按照两个会计年度经审计的净利润为负值 ・公司最近两个会计年度经审计的净利润为负值 ・因净利润、净资产、营业收入、审计意见类型、定期报告未按期披露、股本总额、股本变化不符合上市条件、欺诈发行、重大信息披露违法等情形导致公司标的股票所暂停上市
投资者持债变动	・投资者持有上市公司已发行的可转换公司债券达到可转换公司债券发行总量20%时,应当在该事实发生之日起3日内,以书面形式向本所报告,通知上市公司并予以公告;**在上述规定的期限内,不得再行买卖该公司可转换公司债券和股票** ・投资者持有上市公司已发行的可转换公司债券达到可转换公司债券发行总量20%后,每增加或者减少10%时,应当依照前款规定履行报告和公告义务。**在报告期内和公告后两日内,不得再行买卖该公司的可转换公司债券和股票**	・投资者持有上市公司已发行的可转换公司债券比例每增加或者减少10%时,应当在事实发生之日起两个交易日内向本所报告,并通知公司予以公告 ・持有上市公司已发行的可转换公司债券比例达到发行总量的20%时,应当在事实发生之日起两个交易日内向本所报告,并通知公司予以公告 ・投资者持有上市公司已发行的可转换公司债券达到发行总量20%及以上的投资者,其所持有上市公司已发行的可转换公司债券比例每增加或者减少10%时,应当在事实发生之日起两个交易日内依照前款规定履行报告和公告义务

注:表格中加粗和加下划线的文字表示两个交易所的规定略有差异。

第五章

私募可转债的兴起

一、私募可转债兴起的背景

私募可转债是指发行人依照法定程序非公开发行，在一定期间内依照约定的条件可以转换成公司股份的公司债券。尽管《上市公司重大资产重组管理办法》（2016年修订）第五十条提到"上市公司可以向特定对象发行可转换为股票的公司债券、定向权证用于购买资产或者与其他公司合并"，但由于监管机构并未出台相关细则，因此，目前A股上市公司尚无发行私募可转债的先例。

私募可转债的兴起，起源于创新创业债的推出。2015年，《中共中央国务院关于深化体制机制改革加快实施创新驱动发展战略的若干意见》指出，要强化资本市场对技术创新的支持，支持符合条件的创新创业企业发行公司债券。2017年7月4日，为落实国家创新驱动发展战略，完善债券市场服务实体经济模式，支持创新创业，中国证监会发布《中国证监会关于开展创新创业公司债券试点的指导意见》（以下简称《指导意见》),文中提到,非公开发行的创新创业公司债,可以附可转换成股份的条款。随后,于 2017 年 9 月 22 日,上海、深圳证券交易所、全国股转系统及中国证券登记结算有限责任公司(以下简称"中国结算")联合推出《创新创业公司非公开发行可转换公司债券业务实施细则》(以下简称《实施细则》),私募可转债正式进入可操作阶段。

《实施细则》规定,私募可转债的发行人必须为股份有限公司且未在证券交易所上市,但在全国股转系统挂牌的公司则在允许范围内。很显然,目前监管层仍然不鼓励 A 股上市公司发行私募可转债,其推出私募可转债的目的,是希望通过私募可转债的试点,推动资本市场精准服务创新创业,优化种子期、初创期、成长期的创新创业企业的资本形成机制,有效增加创新创业金融供给,完善金融供给结构,探索交易所债券市场服务实体经济新模式,促进资本市场更好地服务于供给侧结构性改革。

根据国家统计局统计公报,2017 年度我国新动能、新产业、新业态加快成长。2017 年度规模以上工业战略性新兴产业增加值同比增长 11.0%,高技术制造业增加值增长 13.4%,装备制造业增加值增长 11.3%。2017 年,新能源汽车产量 69 万辆,比上年增长 51.2%;智能电视产量 9 666 万台,增长 3.8%;工业机器人产量 13 万台(套),增长 81.0%;民用无人机产量 290 万架,增长 67.0%。全年规模以上服务业中,战略性新兴服务业营业收入 41 235 亿元,同比增长 17.3%。国内经济增强动能强劲,创新创业企业层出不穷,相应地,融资需求越来越大。

从投资端来看,根据 Wind 资讯统计,截至 2017 年 12 月 31 日,国内总共有 20 598 家风险投资基金(简称"VC")、私募股权投资基金。2008 年至 2017 年的 10 年间,国内创业投资机构新成立 6 490 只基金,共募集资金 36 340.23 亿元。其中,新成立 VC 基金 2 618 只,共募集资金 8 765.03 亿元;新成立 PE 基金 2 790 只,共募集资金 16 693.21 亿元。在此期间，创业投资机构共完成投资案例 18 952 个，合计投资金额为 24 871.51 亿元。其中，信息技术领域投资案例 9 854 个，合计投资 11 540.42 亿元，成为最受创业投资机构青睐的行业；其次为可选消费行业；紧随其后的为金融、工业和医疗保健等行业。可见，创业投资机构为我国创新创业企业的成长壮大提供了大量的资金支持，为国内新材料、新技术、新兴服务业的快速发展作出了重要贡献。与此同时，创业投资机构也获得了较高的投资回报：实现退出的案例数为 3 710 个，合计退出金额为 5 138.55 亿元，在退出盈利的项目中，平均账面投资回报倍数为 4.04 倍，即便退出亏损的项目中，平均账面投资回报倍数为 -0.36 倍。不过，从退出方式上看，并购（M&A）方式退出占绝大多数，共计 3 117.80 亿元；股权转让方式退出的仅有 766.98 亿元；管理层并购（MBO）方式退出的更少；通过清算退出则仅有 1 例，金额为 1 100 万元。

因此，私募可转债实际上是在国家鼓励"大众创业、万众创新"的大背景下，力图解决长期以来国内创业投资机构对处于种子期、初创期或成长期的创新创业企业进行投资时，要求对方进行业绩承诺，或要求对方控股股东承诺以本金加一定利息回购股权的诉求，同时满足创新创业企业对快速、低成本融资的需要。

然而，非标准化的业绩对赌和回购协议实施起来存在各种问题，私募可转债因在交易所挂牌转让，在满足条件时投资者可通过系统直接转股，从而有利于保护创业投资机构的利益，促进私募投资市场的健康、快速发展。

二、私募可转债的发行条件

私募可转债的发行人，仅限于《指导意见》中特定的符合条件的创新创业公司和创业投资公司。其中，创新创业公司，是指从事高新技术产品研发、生产和服务，或者具有创新业态、创新商业模式的中小型公司；创业投资公司，则是指符合《私募投资基金监督管理暂行办法》《创业投资企业管理暂行办法》等有关规定，向创新创业企业进行股权投资的公司制创业投资基金和创业投资基金管理机构，发行私募可转债募集的资金应专项投资于种子期、初创期、成长期的创新创业公司的股权。

关于创新创业公司的认定标准，可以依据以下几个文件：（1）国家战略性新兴产业相关发展规划；（2）《国务院关于印发〈中国制造2025〉的通知》（国发〔2015〕28号）及相关政策文件；（3）国务院及相关部委出台的大众创业万众创新政策文件；（4）国家及地方高新技术企业认定标准；（5）其他创新创业相关政策文件。

在试点初期，重点支持以下公司发行私募可转债：

（1）注册或主要经营地在国家"双创"示范基地、全面创新改革试验区域、国家综合配套改革试验区、国家级经济技术开发区、国家高新技术产业园区和国家自主创新示范区等创新创业资源集聚区域内的公司；

（2）已纳入全国中小企业股份转让系统（新三板）创新层的挂牌公司。

未来，中国证监会将根据试点工作开展情况适时扩大试点范围。

在上述规定范围内的发行人，若申请可转债在交易所挂牌转让，除满足非公开发行公司债券挂牌转让条件外，还应当符合下列条件：

（1）发行人为股份有限公司；

（2）发行人股票未在证券交易所上市；

（3）可转换债券发行前，发行人股东人数不超过200人；

（4）可转换债券的存续期限不超过6年；

（5）交易所和全国股转公司规定的其他条件。

三、私募可转债的主要条款和信息披露

(一) 私募可转债的主要条款

根据《实施细则》的规定，并结合非公开发行公司债券的相关规定，私募可转债应在募集书中载明以下主要条款：

(1) 债券期限；

(2) 票面利率；

(3) 转股期和转股申报期安排；

(4) 转股价格及其确定方式；

(5) 转股价格调整的原则及方式，因增资、送股、派息、分立及其他原因引起发行人股份变动的，应当同时调整转股价格；

(6) 转股价格向下修正条款（如需），但修正转股价格时，应当提交发行人股东大会审议，并经出席会议的股东所持表决权的三分之二以上同意；

(7) 有条件回售条款（如需）；

(8) 附加回售条款（如需）；

(9) 赎回条款（如需）；

(10) 无法转股的利益补偿安排，包括可转债转股时不足转换成一股的补偿方式，以及出现因股东人数超过200人等导致债券持有人无法转股及发行人拟申报首次公开发行股票等情形时，发行人对债券持有人的利益补偿安排；

(11) 募集资金用途；

(12) 担保事项（如需）。

特别地，若发行人为全国股转系统挂牌公司，则募集说明书中约定的转股条款、募集资金用途等，还应当符合全国股转公司关于股票发行的相关监管要求。

(二）私募可转债的信息披露

申报发行阶段，发行人应披露现有股权结构、转股价格及其确定方式、转股及利益补偿安排等事项。

债券存续期内，发行人及其他信息披露义务人应当按照交易所非公开发行公司债券有关规定和募集说明书的约定履行信息披露义务，且披露的时间不得晚于其他交易场所，发行人定期报告也应对转股相关事项进行信息披露。对出现调整转股价格、发行人股份被暂停转让或终止转让、持有人无法转股等可能对可转换债券交易价格或者对投资者作出投资决策产生较大影响的重大事项，发行人应及时向交易所提交并披露临时报告。

四、私募可转债的转股

《实施细则》规定，私募可转债自发行结束之日起 6 个月后可以转股，每 3 个月可设置一次转股申报期，转股申报期不得少于 5 个交易日，不得多于 10 个交易日。

转股申报期内，私募可转债持有人可以向交易所申请转股。若发行人为全国股转系统挂牌公司，私募可转债持有人申请转股前，还应当开通全国股转系统合格投资者公开转让权限。

转股流程主要包括转股申报及转股操作两个环节。转股申报由投资者在转股期内向交易所提交。其中，发行人申请转股时为全国股转系统挂牌公司，应当委托主办券商代为办理转股业务；发行人为非上市非挂牌公司，应当委托受托管理人代为办理转股业务。原则上，受托管理人应当由私募可转债的主承销商担任。

《实施细则》就全国股转系统创新层公司和非上市非挂牌企业两种不同情形分别明确了相关转股操作流程，具体步骤如表 5-1 所示。

表 5-1　　　　　　　　　　私募可转债转股操作流程

步骤	全国股转系统挂牌公司	非上市非挂牌企业
第一步	·发行人收到交易所发送的有效转股申报记录后,应当于5个交易日内通过其委托的主办券商向全国股转公司申请办理转股,并提交可转换债券转股申请报告、可转换债券转股明细表,主办券商及发行人律师应当对转股明细表内容的合法合规性和准确性出具意见	·发行人收到交易所发送的有效转股申报记录后,应当于5个交易日内通过其委托的受托管理人向交易所申请办理转股,并提交可转换债券转股申请报告、可转换债券转股明细表、主承销商及发行人律师应当对转股明细表内容的合法合规性和准确性出具意见
第二步	·符合转股条件的,全国股转公司向发行人和中国结算出具转股登记确认函;不符合转股条件的,全国股转公司将相关结果通知发行人和中国结算	·交易所收到申请材料后,由中国结算将可转换债券持有人证券账户中的可转换债券份额进行记减。如因期间司法冻结、司法扣划等原因导致已冻结可转换债券份额部分记减失败的,中国结算按照实际可记减份额予以记减;对于已冻结可转换债券份额全部记减失败的,中国结算对该笔转股申报做失败处理
第三步	·全国股转公司出具转股登记确认函的,中国结算对此前已做冻结处理的可转换债券份额进行记减;不符合转股条件的,中国结算对此前已做冻结处理的可转换债券份额解除冻结 ·如因期间司法冻结、司法扣划等原因导致已冻结可转换债券份额部分记减失败的,中国结算按照实际可记减份额予以记减;对于已冻结可转换债券份额全部记减失败的,中国结算对该笔转股申报做失败处理	·交易所将可转换债券持有人最终债券份额记减结果通知发行人,由发行人与债券持有人按照有关规定向工商行政管理部门或其他相关部门办理股份登记
第四步	·发行人应当于收到全国股转公司出具的转股登记确认函后,向中国结算申请办理股份登记	·股份登记失败且债券仍在存续期的,发行人、受托管理人应当向交易所及中国结算提出恢复已记减债券份额的登记申请
第五步	·发行人应当委托主办券商将可转换债券的记减和转股情况,及时告知可转换债券的受托管理人和主承销商	

五、私募可转债的发展趋势

私募可转债推出以后，逐渐被市场了解和熟悉，创新创业公司纷纷试水这一新的融资工具，全国股转系统创新层公司表现更为积极。根据 Wind 资讯统计，截至 2018 年 3 月 23 日，已有 5 家创新创业公司完成私募可转债融资，共募集资金 2.906 亿元。其中，全国股转系统创新层公司 4 家，非上市非挂牌公司 1 家；上交所挂牌交易的 3 家，深交所 2 家；单次融资金额最高为 2 亿元，最低为 1 060 万元；票面利率最高为 10.35%，最低为 2%；期限最长为 6 年，最短为 1 年。具体情况如表 5 - 2 所示。

表 5 - 2　　　　　　　已完成发行的私募可转债情况

发行人	债券名称	发行人类型	上市交易所	发行日期	募资（万元）	期限	利率	行业
君实生物	18 君实转	股转系统创新层公司	上交所	2018 - 3 - 23	20 000	6	10.35	医药制造
价值在线	价值转 S	非上市非挂牌公司	深交所	2017 - 12 - 14	2 000	1	2.80	软件与信息技术
旭杰股份	17 旭杰转	股转系统创新层公司	上交所	2017 - 10 - 16	1 060	6	6.50	房屋建筑
伏泰科技	17 伏泰转	股转系统创新层公司	上交所	2017 - 10 - 16	4 000	1	4.00	软件与信息技术
蓝天环保	蓝天转 S1	股转系统创新层公司	深交所	2017 - 10 - 16	2 000	3	2.00	环保

资料来源：Wind，截至 2018 年 3 月 23 日。

截至 2018 年 3 月 23 日，共有 13 家创新创业公司推出私募可转债预案，全部为全国股转系统创新层公司，拟募集资金总额为 6.78 亿元。其中，单次最低融资金额为 500 万元，最高为 1.5 亿元；期限最长为 4 年，最短为 1 年。具体情况如表 5 - 3 所示。

表 5-3　　　　　披露发行预案的私募可转债情况

发行人	方案进度	预案公告日	股东大会公告日	发行人类型	预计募资（万元）	期限
视纪印象	董事会预案	2018-03-22		股转系统创新层公司	4 000	3
信友咨询	董事会预案	2018-03-16		股转系统创新层公司	3 000	2
智趣互联	股东大会通过	2018-02-14	2018-03-01	股转系统创新层公司	4 000	3
惠尔明	董事会预案	2017-11-11		股转系统创新层公司	2 000	3
康润洁	董事会预案	2018-01-05		股转系统创新层公司	500	1
印克电商	股东大会通过	2017-12-16	2018-01-04	股转系统创新层公司	5 000	2
红山河	股东大会通过	2017-12-08	2017-12-30	股转系统创新层公司	6 000	3
天星股份	股东大会通过	2017-09-05	2017-11-01	股转系统创新层公司	2 000	3
传视影视	股东大会通过	2017-12-12	2017-12-27	股转系统创新层公司	1 800	3
炜田新材	股东大会通过	2017-12-09	2017-12-26	股转系统创新层公司	5 000	3
西部股份	股东大会通过	2017-11-28	2017-12-13	股转系统创新层公司	7 000	3
紫科环保	股东大会通过	2017-11-25	2017-12-12	股转系统创新层公司	15 000	3
中岳非晶	股东大会通过	2017-11-18	2017-12-06	股转系统创新层公司	12 500	4

资料来源：Wind 资讯，截至 2018 年 3 月 23 日。

尽管私募可转债推出后取得了一定的市场效果，但我们应该清醒地看到，中小企业直接融资最大的问题始终是信用风险。私募可转债的信用风险相对高评级信用债要高不少，对于高评级债券投资者吸引力并不强，增加投资者范围势在必行。此外，每一家创新创业公司的债券发行规模并不大，期限较短，相比于美国成熟的评级体系，我国评级市场并不完善，因此单家信用研究投入和最终获利可能并不成正比。吸取之前中小企业私募债的经验，还是要从"风险/收益"来着手。增加担保措施，降低信用风险是一方面，设置转股条款也能吸引一部分风险偏好比较高的投资者，但并不适合所有企业，最终解决方式之一是增加票息。

因此，市场化发行的结果，是有着相对完善的财务信息和较为规范的企业运营的股转系统创新层公司将私募可转债作为其定增融资的一种替代手段；而非上市非挂牌公司因受限于发行主体必须为股份公司这一条件，不利于保持有限责任公司决策的灵活性，且考虑信息披露和转股程序的相对繁琐，其大部分仍将采用传统业绩对赌和回购协议的方式实现股权融资计划。但不论怎么说，随着国内信用体系的逐步健全，创业投资公司尤其是其背后资金方的进一步成熟，以及私募可转债条款、监管政策的不断完善，私募可转债将成为国内多层次资本市场中一个极为重要的融资工具。

第二部分

可交换债理论与操作实务

第六章

可交换债基本理论

一、可交换债基本概念及特点

(一) 基本概念

可交换债是可交换公司债券（Exchangeable Bond）的简称，又称"EB"，指上市公司的股东依法发行，在一定期限内依据约定的条件可以交换成该股东所持有的上市公司股份的公司债券。

可交换债是一种内嵌期权的金融衍生品。投资者在募集说明书约定的时间段内按照约定的换股价格，拥有根据标的股票价格走势和市场情况，交换成标的股票或者放弃换股的选择权。当标的股票价格高于换股价格，且短期内市场向好的情况下，投资者将选择换股卖出来兑现收益；若标的股票价格低于换股价格，则投资者将选择继续持有可交换债，以避免发生投资本金的亏损。因此，与可转债一样，可交换债也兼具债性、股性和换股期权，是一种攻守兼备的金融衍生工具。

可交换债是一种低成本的融资工具。由于可交换债内含期权价值，其综合利息成本通常会优于同等期限、同等信用评级的普通债券。因此，在可交换债最终未被交换成标的股票而导致到期兑付的情况下，发行人的融资成本相对较低。

可交换债是一种有利的股票减持手段。上市公司的法人股东拟减持标的股票，若当前标的股票价格未达到股东的理想价格，或者虽然标的股票价格合适，但潜在的投资者承接能力不足，该法人股东可通过发行偏股型的可交换债来实现减持。

（二）产品特点

可交换债与可转债极为相似，都是一种嵌入了看涨期权、修正转股期权、赎回期权、回售期权等的特殊债券，其基本条款均包含债券期限、票面利率、换股/转股价格及其调整或修正、换股/转股期、赎回/回售（如有）等。因此，可转债的许多特点同样适用于可交换债，但两者也存在着很明显的区别，主要体现在如下几个方面：

1. 发行主体和偿债能力不同

可交换债发行主体是上市公司的法人股东，可转债发行主体是上市公司本身。由于债券的发行主体即偿债主体，因此，可交换债与可转债的偿债主体也不相同。

若可交换债的发行人仅为上市公司的中小股东，则其偿债能力一方面取决于发行人主体信用等级，另一方面取决于其所拥有的标的股票市值对应的担保和变现能力；若可交换债的发行人为上市公司控股股东，且旗下主要资产为上市公司本身，由于控股股东、实际控制人不能侵占上市公司利益，则其偿债能力取决于上市公司现金分红水平、发行人所拥有股票市值对应的担保和变现能力；若可交换债的发行人为上市公司控股股东，且旗下除上市公司之外，还从事其他业务或拥有其他资产，则其偿债能力不仅要考虑上市公司现金分红水平、发行人所拥有股票市值对应的担保和变现能力，还需要考虑其他业务或资产对发行人偿债能力的影响。

可转债的偿债主体为上市公司，其偿债能力取决于上市公司的主体信用等级以及其融资能力。

2. 担保方式不同

可交换债的担保方式中，除用于换股的标的股票必须提供担保外，发行人还可为可交换债提供其他担保。公开发行可转债，除非上市公司（主板和中小板上市公司）最近一期末经审计的净资产低于人民币15亿元，发行人无须提供担保。

3. 股票来源和业绩摊薄不同

可交换债用于交换的股票为发行人所持有的上市公司已流通在外的存量股，可转债未来转股的股票则主要来源于上市公司新发行的新股。

除上市公司回购股份用于可转债转股外，可转债转股导致上市公司总股本增加，短期内将摊薄上市公司每股收益；可交换债换股不影响上市公司的总股本，亦不摊薄上市公司每股收益。

4. 发行目的不同

可交换债发行的目的因人而异，包括融资、减持、股权结构调整、市值管理等。可转债发行的目的主要是募集资金用于特定的投资项目，包括项目投资、收购资产、偿还贷款或补充流动资金。

正因为如此，可转债在面临回售压力时，发行人更愿意主动向下修正转股价格以避免投资者回售，并促使投资者尽快转股，从而达到一次股权融资的目的。可交换债的发行即便是以减持股票为目的，由于用于换股的标的股票是发行人拥有的一笔重要资产，发行人更倾向于高价而沽，若发行人为上市公司的控股股东，则还需要考虑本次发行对其控制权的影响。

5. 转股/换股起始时间不同

公开发行的可转债，自发行结束之日起6个月后即可转换为公司股票。公开发行的可交换债，自发行结束之日起12个月后方可交换为预备用于交换的股票；私募发行的可交换债，虽然法规规定自发行结束之日起 6 个月后即可交换为预备交换的股票，但还需要考虑发行人所持标的股票是否有限售期，对于标的股票有限售期的可交换债，其进入换股期最早的日期为标的股票解禁之日。

6. 会计处理不同

可转债属于嵌入衍生金融工具，根据《企业会计准则第 22 号——金融工具确认和计量》（财会〔2017〕7 号），可转债在初始计量时，应将可转债中的负债和权益成分进行分拆，分别计入资产负债表的应付债券和资本公积。存续期间付息、转股、赎回和回售等会计处理详见"第一部分 可转债理论与操作实务"中"第一章可转债基本理论 五、可转债的会计处理"。

可交换债用于换股的标的股票并不是发行人自身的权益工具，而是发行人持有的他人权益工具（对发行人而言是一项金融资产或者长期股权投资），因此并不存在权益成分。可交换债对于发行人而言实际上是一项包含嵌入衍生工具的混合工具，其主合同为到期本息（按票面利率计算）按照市场利率折现的金额；嵌入衍生工具为授予持有人的按照固定价格购买发行人持有的特定金融资产的一项看涨期权，该期权的初始计量金额同样采用从发行总价中扣减主合同现金流折现值的方式确定。后续的每个期末按照公允价值计量，公允价值的变动计入损益，也就是该项衍生工具属于以公允价值计量且其变动计入当期损益的金融资产或金融负债。但在实务操作中，后续计量时获取该项衍生工具的公允价值存在一定困难：对于公开发行的可交换债券，该项衍生工具的公允价值可以按照可交换债在资产负债表日的收盘价减去主合同公允价值（债券按正常利率对未来现金流量折现）的差额确定；对于私募发行的可交换债，该项衍生工具的公允价值则不好确定，通常以欧式看涨期权定价公式来估算。后续持有人行使换股权或者该期权到期失效时，将累积的交易性金融资产/负债余额予以转销处理。

当发行人依据约定的换股价格将所持有的标的股票交付给持有人以结算该项负债时，换股价格和该标的股票投资的账面价值之间的差额确认为发行人的投资收益。

当预备用于交换的股份是发行人子公司的股份时，在发行人的合并报表层面，由于子公司的少数股东权益也被视作合并主体自身的权益，因此可交换债持有人如果行使换股权，则将导致母公司在不丧失控制权的前提下部分出售其所持有的子公司股权，该交易在合并报表层面将构成一项权益性交易，其结果是合并报表层面的权益增加，因此其中嵌入的转换权属于"须用或可用发行方自身权益工具进行结算的金融工具"。此时，由于换股价格固定（或者仅可在有限的特定情况下按照事先确定的公式进行调整），符合《企业会计准则解释第1号》第四条所指的"如为衍生工具，该金融工具只能通过交付固定数量的发行方自身权益工具换取固定数额的现金或其他金融资产进行结算"这一条件，因此该换股权在发行方（上市公司的控股股东）的合并报表层面属于权益工具，即初始确认时在合并报表层面确认为资本公积。此类条款的可交换债在发行人合并报表层面的处理效果与旗下上市公司发行的可转债类似，只不过发行可转债募集的资金归上市公司所有，而发行可交换债募集的资金归大股东所有。

当发行人依据约定的换股价格将所持有的标的股票交付给持有人以结算该项可交换债时，换股价格和该标的股票投资对应享有的子公司净资产份额之间的差额根据《财政部关于不丧失控制权情况下处置部分对子公司投资会计处理的复函》（财会便〔2009〕14号）规定调整合并报表层面的资本公积。

二、可交换债起源与海外发展历程

可交换债诞生于20世纪70年代初的美国。最初形式的可交换债，向投资者提供了一个期权,即将投资者所持债券交换为发行人所持有的某上市公司股票,或者收回本金和利息。因该种债券可延长缴纳资本利得税,具有独特的税收优势而受到广泛的欢迎。这时期的可交换债采取股票交割的方式,可称"股票交换"型可交换债。至80年代末90年代初,可交换债在金融创新的浪潮下,出现了"现金交割"和"混合交割"两种类型的新品种,并逐渐成为可交换债市场的重要品种。其中,"现金交割"型可交换债,发行人可以支付与标的股票等价的现金以实现交割;"混合交割"型可交换债则允许发行人选择以标的股票或现金来进行交割,从而成为更为普遍的发行品种。

可交换债在美国发展迅速,1980年仅占股权联接债券6%的比重,但到1998年,已经占到了50%的份额。1971年至2001年间,美国共发行了112只可交换债,总规模400多亿美元,其交割方式包括股票交割、现金交割和混合交割等三种方式。

可交换债在欧洲出现得较晚,但后来居上。1998年至2001年期间,欧洲发行了约1 120亿欧元的可交换债,占其可转债市场的三分之一左右;2005年年中,全球1 000亿美元的可交换债市场,欧洲占据了绝对优势,约占71%,美国占14%,亚洲占13%。在欧洲,可交换债被广泛应用于普通融资、减持股权套利以及并购的资本项目中;可交换债的形式也在不断创新,发行人在国内和国外发行可交换债,标的股票也可以是发行人所持有的国内或国外的股权。

日本市场的可交换债,主要是由欧洲一些金融机构发行,通过日本国内的证券公司出售,标的股票所属上市公司通常是市场影响力较大、声誉较好的公司,如索尼、东芝、NTT等。日本市场已发行的可交换债主要有5种类型:

(1) 普通型:评价日(即债券持有人决定偿付方式的日期)仅为1天,这是可交换债中最普通的类型。

(2) 随时偿付型:事先约定的一段时间内都是评价日。在评价日,如果达到事先约定的条款要求,则可以在到期之前按照票面100%金额要求用现金偿付。

(3) Knock in 条款型:在规定期间,只有在标的股票价格达到事先制订的价格的情况下,才可以将债券交换为股票。

(4) 一揽子股票型:有多种标的股票的可交换债。一般来说,会将评价日当日股价上升率最低的一种股票作为交换的标的股票。

(5) 特别红利型:标的股票价格如果低于事先规定的价格,则债券持有人可以获取在票面利率的基础上再加上特别的红利补偿。

在我国的香港、台湾地区,可交换债也常常被用作平稳减持股票的工具,例如香港和记黄埔就两度发行可交换债以减持沃达丰(Vodafone)的股票,大东电报也用此方法出售所余下的电讯盈科的股份。2015年11月宝钢集团以建设银行H股为标的在境外发行5亿美元可交换债,2016年9月长江电力也以建设银行H股发行了3亿美元和2亿欧元的可交换债。

三、国内可交换债发展历程及趋势

(一) 可交换推出的历史背景

2007年2月,汇丰银行宣布北美住房贷款按揭业务遭受巨额损失,减计108亿美元相关资产,美国次贷危机由此拉开序幕。受次贷风暴影响,2008年8月,美国第五大投行贝尔斯登宣布旗下两只对冲基金倒闭,随后贝尔斯登、花旗、美林证券、摩根大通、瑞银等相继爆出巨额亏损。2008年3月中旬,贝尔斯登因流动性不足和资产损失被摩根大通收购,投资者的恐慌情绪开始蔓延。2008年9月15日,拥有158年历史的美国第四大投资银行雷曼兄弟公司向法院申请破产保护,彻底击垮投资者信心。当天道琼斯工业指数急跌4.42%,标普500指数下跌4.71%,纳斯达克指数下跌3.60%,全球各大股指均出现恐慌性下跌(亚太主要指数在中秋节后的第一个交易日即 2008 年 9 月 16 日也随之下跌），美国次贷危机引发了全球金融危机。

上证指数受次贷危机及其后爆发的全球金融危机影响，自 2007 年 10 月 16 日上涨至 6124.04 点之后，至 2008 年 10 月 28 日下探至 1664.93 点，在短短一年多的时间内，股指下跌了 72.81%！而深证成指于同期下跌了 71.54%！为尽可能减少上市公司大股东和中小股东减持限售解禁股（俗称"大小非"）对市场的冲击，维护资本市场稳定，中国证监会借鉴境外成熟资本市场的经验，在可转债、分离交易可转债和公司债的基础上，于 2008 年 10 月 17 日正式公布《上市公司股东发行可交换公司债券的试行规定》（以下简称《试行规定》），推出可交换债这一股债结合的金融衍生品。

根据《试行规定》，可交换债的发行主体限于上市公司的法人股东，即应当为有限公司或者股份公司；最近一期末的净资产额不少于人民币 3 亿元；公司最近 3 个会计年度实现的年均可分配利润不少于公司债券一年的利息；对用于交换的上市公司股票要求上市公司最近一期末的净资产不低于人民币 15 亿元，或者最近 3 个会计年度加权平均净资产收益率平均不低于 6%，且用于交换的股票在提出发行申请时应当为无限售条件股份。由于发行门槛较高，相关制度并不完善，因此，《试行规定》推出后较长的一段时间内，市场并无可交换债完成发行。2009 年 7 月 13 日，上市公司健康元药业集团股份有限公司（股票代码：600380）公告可交换债发行预案，以其所持有的丽珠集团（股票代码：000513.SZ）的股票作为换股标的，拟公开发行不超过 7 亿元的可交换债，期限不超过 6 年。尽管上述发行预案已经股东大会审议通过，但此后便无进一步消息，最终不了了之。

（二）第一阶段：萌芽和试水期

可交换债在国内正式落地，归功于深圳证券交易所于 2013 年 5 月 30

日发布的一则《关于中小企业可交换私募债券试点业务有关事项的通知》（深证上〔2013〕179号）。该通知不超过1 000字，内容不过10条，发文重要性也不如"办法""指导意见"，但对国内可交换债的发展起了重要的推动作用。实际上，该通知是在沪深交易所于2012年5月公布的《中小企业私募债券业务试点办法》基础上加了可交换成发行人所持上市公司股票的条款，目的都是为了解决当时中小微型企业融资难、融资贵的问题，服务实体经济发展。不过，中小企业私募债券风险较高，本质上是高收益债或垃圾债券，并不适合极度风险厌恶型的国内投资者，更何况彼时较高评级的债券市场还处于"刚性兑付"的一致预期下。此外，替代性投资产品——房地产信托的投资收益率也很可观，更没人关注低评级的"垃圾债"了。因此，尽管推出时间较早，中小企业私募债券的发展并不顺利，后期仅有国资背景的企业或上市公司子公司才能成功融资。加上换股条款的中小企业可交换私募债一经推出，即打破了私募债市场沉闷的气氛，令市场重新振奋起来，投资者群体也从固定收益类投资者转向了权益类投资者。

2013年10月14日，福星晓程（已改名为"晓程科技"，股票代码：300139）的第三大股东武汉福星生物药业有限公司以其所持福星晓程的股票作为换股标的，在深交所发行了2.565亿元可交换私募债，期限1年，票面利率6.7%。自此，国内第一只可交换债诞生，这也是2013年国内发行的唯一的一只可交换债。进入2014年，可交换债市场逐渐觉醒。14海宁债、14歌尔债相继在深交所发行，发行规模分别为3.60亿元和12亿元，发行方式为非公开发行，换股标的分别为海宁皮城（股票代码：002344）和歌尔声学（股票代码：002241，后改名为"歌尔股份"），其适用的法规仍为《关于中小企业可交换私募债券试点业务有关事项的通知》。上交所可交换债也于这一年破冰，2014年12月10日，宝钢集团有限公司（后重组改名为"中国宝武钢铁集团有限公司"）以其所持新华保险（股票代码：601336）为换股标的，公开发行了40亿元可交换债，

《上市公司股东发行可交换公司债券的试行规定》发布6年之后，终于往前迈出了坚实的一步。不过，上交所并未相应推出中小企业可交换私募债，对于换股标的为上交所上市的股票，可交换债的发行条件仍须遵循该试行规定的相关规定，发行门槛仍然很高。

2015年1月15日，中国证监会发布了《公司债券发行与交易管理办法》，将公司债券发行主体范围从境内证券交易所上市公司、发行境外上市外资股的境内股份有限公司、证券公司扩展至所有公司制法人，并在总结中小企业私募债试点经验的基础上，全面建立非公开发行制度，同时取消公司债券公开发行的保荐制和发审委制度，以简化审核流程。自此，中国证监会、沪深交易所监管下的债券市场有了统一的管理制度，公司债迎来了大扩容时期。对可交换债而言，利好更多地体现在非公开发行方面：不仅发行主体不再受限于《关于印发中小企业划型标准规定的通知》（工信部联企业〔2011〕300号）规定的中小企业，发行场所也由深交所拓展至上交所、全国中小企业股份转让系统、机构间私募产品报价与服务系统和证券公司柜台。

但利好推出，市场还没来得及欢呼，就陷入短暂的尴尬境地。由于相关实施细则未随《公司债券发行与交易管理办法》同步推出，本拟向交易所申报非公开发行可交换债的发行人不知如何准备申请文件，继续按照中小企业可交换私募债申请则又因《关于中小企业可交换私募债券试点业务有关事项的通知》被废止而无法可依。这段青黄不接的时期直到2015年5月29日，沪深交易所发布《非公开发行公司债券业务管理暂行办法》才结束，但在此期间已有15赛纳债、15赛纳02、15宝利来EB1和15东集EB01几只可交换债等不及新规的出台，选择在机构间私募产品报价与服务系统（以下简称"报价系统"）完成发行[①]。

[①] 由于报价系统未能与中国证券登记结算有限公司的清算系统建立连接，无法实现换股，因此，在报价系统发行的可交换债最终转移至交易所挂牌交易。

(三) 第二阶段：非理性繁荣期

2015年下半年开始至2016年底，可交换债市场进入第二阶段。投资者逐渐壮大起来，尤其是拥有巨量资金的银行开始关注并进入可交换债市场后，在流动性过剩、优质资产难以获取的所谓"资产荒"的影响下，市场开始进入非理性繁荣阶段，主要表现如下：

第一，发行家数迅速增长，单家融资规模迭创新高。根据Wind资讯，2015年可交换债发行家数为24只（含在机构间私募产品报价与服务系统发行但后转到交易所挂牌交易的可交换债），相比2014年仅有3只可交换债，增长700%；2016年可交换债发行家数为69只，同比增长187.50%。2015年可交换债融资总额为219.05亿元，相比于2014年增长293.97%；2016年可交换债融资总额为668.29亿元，同比增长205.09%。2014年，单家融资规模最大的为14宝钢EB，发行规模为40亿元；2015年，15国盛EB刷新了这一纪录，发行规模达到50亿元；2016年，记录再次被16三一EB刷新，发行规模为53.50亿元。如果以发行主体作为计算依据，则珠海赛纳打印科技股份有限公司于2016年先后发行16赛纳01和16赛纳02两只可交换债合计融资金额为60亿元，成为当时最大规模的可交换债发行人。

第二，换股溢价率飙升，票面利率畸低。14宝钢EB的初始换股价格相对发行前一日标的股票新华保险的收盘价的溢价率为9.35%，期限为3年，票面利率为1.50%；15国盛EB的初始换股价格相对发行前一日标的股票上海建工（股票代码：600170）的收盘价的溢价率为25.24%，期限为6年，票面利率却下降为1.00%；16凤凰EB的初始换股价格相对发行前一日标的股票凤凰传媒（股票代码：601928）的收盘价的溢价率高达43.37%，期限为5年，票面利率仍为1.00%。16苏协E3作为一只非公开发行的可交换债，其初始换股价格相对发行前一日标的股票协鑫集成（股票代码：002506）的收盘价的溢价率甚至高达114.67%，期限为 3 年，考虑到期补偿利率之后的年化利率也仅为 4.50%。

（四）第三阶段：供过于求，回归理性

2017 年以来，可交换债市场进入第三阶段。虽然发行家数仍在不断增长，2017 年发行家数为 80 只，同比增长 15.94%；融资规模继续扩大，融资总额达到 1 172.84 亿元，同比增长 75.50%；甚至单家融资规模再创新高，17 中交 EB 发行规模为 160 亿元，但市场已经出现供过于求，投资者也已逐渐回归理性，开始精选投资标的，深入研究发行条款。

首先，从供给端来看，为规范上市公司股东减持行为，支持资本市场健康发展，2017 年 5 月 26 日中国证监会发布《上市公司股东、董监高减持股份的若干规定》及其后沪深交易所发布《上市公司股东及董事、监事、高级管理人员减持股份实施细则》（以下统称《减持新规》），可交换债成为"大小非"当前最佳减持方式。根据《减持新规》，大股东（即控股股东或持股 5% 以上的股东）减持股份（通过集中竞价交易取得的股份除外），或特定股东减持特别股份，须遵守下述规定：

（1）采取集中竞价交易方式的，在任意连续 90 日内，减持股份的总数不得超过公司股份总数的 1%，持有上市公司非公开发行股份的股东；通过集中竞价交易减持该部分股份的，除遵守前款规定外，自股份解除限售之日起 12 个月内，减持数量不得超过其持有该次非公开发行股份数量的 50%。

（2）采取大宗交易方式的，在任意连续 90 日内，减持股份的总数不得超过公司股份总数的 2%，受让方在受让后 6 个月内，不得转让所受让的股份。

（3）采取协议转让方式的，单个受让方的受让比例不得低于公司股份总数的 5%，转让价格下限比照大宗交易的规定执行，法律、行政法规、部门规章、规范性文件及交易所业务规则另有规定的除外。

虽然《减持新规》提到了可交换债换股适用于其规则，但如何适用，

监管机构并未出台更详细的规定。从目前可交换债的审核和发行情况来看，无论公开发行还是非公开发行，都未受到影响，投资者换股卖出也未受到约束。可见，监管机构对大股东和特别股东通过发行可交换债的方式实现减持是持开放态度，这也是2017年下半年以来，可交换债发展速度加快的主要原因。

其次，从投资端来看，目前可交换债的投资者主要为公募基金、保险资金、券商资管、券商自营、基金专户、私募证券投资基金，其中公募基金、保险基金不能投资私募可交换债，而券商资管、基金专户以及私募证券投资基金，其背后的资金主要来源于银行理财池。2018年4月27日，为规范金融机构资产管理业务，统一同类资产管理产品监管标准，有效防范和控制金融风险，中国人民银行、银监会、证监会、保监会、外汇局联合发布《关于规范金融机构资产管理业务的指导意见》，打破了银行理财池"刚性兑付"，不允许再设置"期限错配"资金池，并限制了理财池资金通过层层嵌套投资标准化证券。打破"刚性兑付"，影响了社会资金认购银行理财的积极性；而不允许"期限错配"，则大幅提高了理财资金的成本。受此影响，市场上投资可交换债的资金已经缩量，对投资收益率的要求也更高了。

此外，受再融资新政影响，公开发行的可转债供给大幅增加，一定程度上替代了投资者对可交换债的投资需求。2017年度，可转债完成发行40家，同比增长263.64%；共募集资金946.21亿元，同比增长345.52%。截至2018年3月31日，已有144家上市公司拟发行可转债（包括披露预案、在会审核、过会待批复及领取批文待发行），募集资金总额为4 032.69亿元；已完成发行的共14家，合计募集资金已达到254.71亿元。由于可转债有更好的流动性，转股价格贴近二级市场价格，且上市公司的违约风险相对较低，因此，可交换债的稀缺性进一步降低，投资者选择投资标的的标准进一步提高，并在经历过一轮投资后，对发行条款的认识更深刻、更理性了。

第七章

可交换债发行及关注问题

一、可交换债产品优势

从上一章对可交换债基本概念及特点,以及国内可交换债发展历程及趋势的分析中可见,可交换债作为一种内嵌期权的金融衍生品,在 A 股减持新规后,对于股票波动率较高的国内 A 股市场(根据 Wind 资讯,截至 2018 年 4 月 13 日,道琼斯工业指数近 3 年和近 5 年的波动率分别为 13.06 和 12.32;香港恒生指数近 3 年和近 5 年的波动率分别为 17.93 和 16.81;上证综指近 3 年和近 5 年的波动率则分别高达 25.50 和 23.29),以及收益率维持高位的债券市场环境下,无论是对发行人、投资者还是标的股份所在的上市公司而言,其优势均非常明显。

(一) 从发行人角度看可交换债的产品优势

上市公司法人股东选择发行可交换债，可能基于不同目的，但最终达到的效果无非两个：融资和减持股票。以下本书就从这两个方面分析一下可交换债的优势。

1. 可交换债有助于降低发行人融资成本

与可转债类似，可交换债的内在价值可以拆分为纯债价值和期权价值两部分，而期权价值又包含换股看涨期权价值、回售看跌期权价值、赎回看涨期权价值、向下修正选择期权价值等，用公式可表述为：

$$可交换债价值 = 纯债价值 + 换股看涨期权价值 + 回售看跌期权价值 - 赎回看涨期权价值 + 向下修正选择期权价值$$

从估值模型来看，由于期权价值的存在，可交换债的债券利息成本要低于其发行普通公司债券的利息成本。从实际操作的情况来看，2017年3月31日至2018年3月31日期间发行的信用等级为AAA级的公募可交换债（详见表7-1），三年期可交换债平均票面利率为1%，五年期可交换债平均利率为1.28%；三年期私募可交换债平均利率为2.24%。而同期发行的信用等级为AAA级的公募公司债券，三年期公司债平均票面利率为5.14%，五年期公司债平均票面利率为5.33%；同期发行的信用等级为AAA级的三年期私募公司债平均票面利率为5.86%。可见，可交换债的融资成本显著低于同期限、同评级的普通公司债券的融资成本，即便考虑到期赎回价格对年平均利率的影响因素，这一结论仍然成立。对于信用等级为AA+及以下的发行主体，可交换债的成本优势则更为显著，这里不再赘述。

表 7-1 2017 年以来 AAA 级可交换债发行情况

债券简称	发行方式	起息日	主体评级	发行规模（亿元）	发行期限（年）	票面利率（%）	到期赎回价格（元）	考虑到期赎回价格的年平均利率（%）
公募可交换债								
17 宝武 EB	公募	2017-11-24	AAA	150.00	3	1.00	103	2%
平均数	—	—	—	150.00		1.00	103	2%
18 中油 EB	公募	2018-02-01	AAA	200.00	5	1.40	105	2.4%
17 浙报 EB	公募	2017-08-17	AAA	24.00	5	1.00	103	1.6%
17 中油 EB	公募	2017-07-13	AAA	100.00	5	1.00	105	2.0%
17 山高 EB	公募	2017-04-24	AAA	25.00	5	1.70	106	2.9%
平均数	—	—	—	87.25		1.28	104.75	2.23%
私募可交换债								
18 浙能 EB	私募	2018-01-25	AAA	79.00	3	1.00	105	2.0%
17 云投 EB	私募	2017-12-27	AAA	5.00	3	3.90	100	3.9%
17 中交 EB	私募	2017-11-10	AAA	160.00	3	1.00	103	2.0%
17 兖 02EB	私募	2017-09-25	AAA	30.00	3	1.70	101	2.2%
17 首钢 E2	私募	2017-09-06	AAA	24.00	3	0.90	104.50	2.4%
17 建发 EB	私募	2017-08-01	AAA	20.00	2	0.50	100	0.5%
17 阳煤 EB	私募	2017-07-19	AAA	10.00	3+2	6.20	100	6.2%
17 华夏 EB	私募	2017-06-23	AAA	30.00	3	4.00	100	4.0%
17 首钢 E1	私募	2017-04-28	AAA	36.00	3	1.00	104.50	2.5%
平均数	—	—	—	43.78	—	2.24	102	2.86%

数据来源：Wind，其中到期赎回价格均不含最后一年利息，"17 兖 02EB"票面利率采取递进式，后一年在前一年基础上增加 50bp（即增加 0.5%），因此其年平均利率为 2.20%。

2. 充分利用股票市值融资，且融资成功率较高

发行人发行可交换债，不仅应以其所持有的上市公司股票作为换股标的，还须在发行前给该股票办理质押登记，作为担保物为债券的还本付息进行担保，从这一点来说，有点类似于股票质押融资。

根据沪深交易所于 2018 年 3 月 12 日起开始实施的《股票质押式回购

交易及登记结算业务办法（2018年修订）》及《证券公司参与股票质押式回购交易风险管理指引》（以下统称"股票质押新规"），单只A股股票市场整体质押比例超过50%（指单只A股股票质押数量与其A股股本的比值）；单一证券公司接受单只A股股票质押的数量不得超过该股票A股股本的30%，集合资产管理计划或定向资产管理客户作为融出方的，单一集合资产管理计划或定向资产管理客户接受单只A股股票质押的数量不得超过该股票A股股本的15%；股票质押率上限不得超过60%（质押率是指初始交易金额与质押标的证券市值的比率），因此，质押新规降低了整体质押比例、股票质押率，提高了质押融资的成本和难度。

而根据《公司债券发行与交易管理办法》《上市公司股东发行可交换公司债券试行规定》及沪深交易所《可交换公司债券业务实施细则》等相关规定，公募可交换债的股票质押率可达到70%（以募集说明书公告日前20个交易日均价计算），私募可交换债的股票质押率通常为71.43%（即担保比例通常约定为实际融资额的140%），甚至达到100%。同时，由于可交换债内含换股期权，投资者认购积极性较高，融资成本和难度也相对较低。

因此，相比于股票质押融资，可交换债可以充分利用股票市值，融资规模较大、融资成功率较高。

3. 可交换债有助于发行人以确定价格进行较大规模的减持

根据交易所股票交易规则，股票以竞价交易或大宗交易的方式卖出，其价格限定在前一交易日收盘价的上下10%的范围内，不能以更高的价格卖出；如果遇到股价下跌行情，则上市公司股东要么惜售，要么以较低价格成交。

可交换债可以在既定的价格下限（不低于发行前20个交易日收盘价均价的90%和前一个交易日收盘价格的90%）基础上自行约定初始换股价格，未来债券持有人选择换股时，发行人即以当期换股价格进行减持（当期换股价格是因初始换股价格随着上市公司权益分派、转增而相应调整后的换股价格，或因触发向下修正条款，发行人主动向下修正后的换股价格)。因此,可交换债可以满足发行人对股票减持价格的要求。

从股票减持数量来看,受 2017 年 5 月监管机构发布的减持新规影响,上市公司大股东和特别股东连续 90 天内通过竞价交易减持数量不超过 1%,通过大宗交易减持数量不超过 2%,且大宗交易接盘方自成交后 6 个月内不能卖出。而可交换债则暂不受上述约束。

以表 7-2 统计了 2017 年二季度至 2018 年一季度期间,信用等级为 AAA 的可交换债换股溢价率情况。

从统计情况来看,公募可交换债平均溢价率为 22.47%,单只平均发行规模为 99.80 亿元,平均减持比例为 4.22%;私募可交换债的平均溢价率为 14.54%,单只平均发行规模为 43.78 亿元,平均减持比例为 5.05%。可见,可交换债平均溢价率均大于 10%,且单只平均规模均超过 40 亿元,单只平均减持比例在 5% 左右,因此,可交换债在减持价格、减持数量和减持比例方面均优于竞价交易和大宗交易。

(二) 从投资者角度看可交换债的产品优势

可交换债兼具债性和股性,对投资者而言,是一种"保本+浮动收益"的、"攻守兼备"的投资品种。

首先,可交换债实现"债股分离",拥有较高的安全边际。可交换债的发行人除了必须遵守债券募集说明书的约定按时还本付息之外,还以其所持上市公司股票进行质押担保,并约定一定的初始担保比例和维持担保比例,当股票市值不足以覆盖债券本息时,若发行人不追加担保,则可通过司法程序强制平仓被质押的股票以确保投资的安全。若发行人为标的股票的控股股东,且其除控股上市公司之外无其他资产和业务,或者拥有其他盈利性资产,则发行人的信用等级应不弱于上市公司,可交换债的安全性较高;若发行人为上市公司的参股股东,且其主体信用等级较弱,但若上市公司业绩优良、股价下跌空间有限,则因有股票质押担保,可交换债仍有较高的安全边际。

第七章　可交换债发行及关注问题

表7-2　AAA级可交换债换股溢价率情况

债券简称	发行方式	发行公告日	发行规模（亿元）	标的股票	换股数量占上市公司股份比例	换股价格（元/股）	发行前一日标的股票收盘价（元/股）	换股溢价率（%）
18中油EB	公募	2018-1-30	200.00	中国石油	1.17	9.38	9.30	0.86
17宝武EB	公募	2017-11-22	150.00	宝钢股份	6.74	10.00	8.93	11.98
17浙报EB	公募	2017-08-15	24.00	浙数文化	7.37	25.00	19.14	30.62
17中油EB	公募	2017-07-11	100.00	中国石油	0.61	9.00	7.84	14.80
17山高EB	公募	2017-04-20	25.00	山东高速	5.20	10.00	6.49	54.08
平均数	—	—	99.80	—	4.22	—	—	22.47
18浙能EB	私募	2018-01-23	79.00	浙能电力	9.84	5.90	5.91	-0.17
17云投EB	私募	2017-12-25	5.00	长江电力	0.12	18.26	16.43	11.14
17中交EB	私募	2017-11-8	160.00	中国交建	6.10	16.06	15.01	7.00
17兖02EB	私募	2017-09-21	30.00	兖州煤业	4.33	14.10	13.29	6.09
17首钢E2	私募	2017-09-04	24.00	首钢股份	5.80	7.82	7.62	2.62
17建发EB	私募	2017-07-28	20.00	建发股份	4.61	15.30	12.79	19.62
17阳煤EB	私募	2017-07-17	10.00	阳泉煤业	3.66	11.36	7.66	48.30
17华夏EB	私募	2017-06-21	30.00	华夏幸福	2.26	45.00	34.06	32.12
17首钢E	私募	2017-04-26	36.00	首钢股份	8.70	7.82	7.51	4.13
平均数	—	—	43.78	—	5.05	—	—	14.54

数据来源：Wind。其中，换股溢价率＝（换股价格－发行前一日标的股票收盘价）/发行前一日标的股票收盘价×100%。

其次，投资可交换债有可能获得超额收益。可交换债的发行条款设计通常会考虑在债券利息和换股期权价值之间平衡。换句话说，可交换债要么设计为年均综合利率（含票面利率和到期补偿利率）较高、换股溢价率也较高的条款，要么设计为年均综合利率较低、换股溢价率也较低的条款。前者被称为偏债型可交换债，后者被称为偏股型可交换债。偏股型可交换债因其期权价值较高，未来通过换股获得超额收益的可能性较大。偏债型可交换债自市场回归理性之后，其定价相对于普通信用债而言在利率上并无优势，对于私募可交换债而言因其流动性不足，甚至还有溢价；同时由于其毕竟含有换股期权，当股票市场出现一轮牛市时，或标的股票所在上市公司的业绩超预期时，都可能促使标的股票股价大幅上涨，投资者此时可以通过换股退出、获得超额收益。

（三）从上市公司角度看可交换债的产品优势

"大小非"通过竞价系统减持将给上市公司股价带来较大冲击，影响上市公司市场形象，而可交换债作为一种减持手段，能较大程度上避免这一不利影响。实际上，从统计数据看，上市公司公告其股东（包括控股股东）拟发行可交换债后，股价并未出现显著下跌的情形；而进入换股期后，由于投资者选择换股的时点各不相同，也未出现上市公司股价大幅下跌的情形。

此外，若可交换债的发行人为上市公司的控股股东，在上市公司受产业调控政策、自身业绩条件及其他因素影响而无法直接融资时，或者因融资成本上升较快、融资规模受限时，控股股东可通过发行可交换债，并将募集资金借予上市公司的方式解决后者的融资难、融资贵问题。例如，珠海艾派克科技股份有限公司（名称已变更为"纳思达股份有限公司"）于2016年收购美国利盟打印机的跨境并购交易，其一部分资金就来源于控股股东珠海赛纳打印科技股份有限公司发行的60亿元可交换债。因此，可交换债可成为上市公司的间接融资手段，扩大上市公司的融资规模。

二、可交换债发行条件

(一) 不同发行方式下的发行条件

按发行方式划分，可交换债可以分为公开发行的可交换债（以下简称"公募可交换债"）和非公开发行的可交换债（以下简称"私募可交换债"），公募可交换债又可以按发行对象的不同细分为同时面向公众投资者和合格投资者发行的公募可交换债（以下简称"大公募可交换债"）和仅面向合格投资者发行的公募可交换债（以下简称"小公募可交换债"）。公募可交换债和私募可交换债在发行条件方面均须符合《公司债券发行与交易管理办法》和沪深交易所《可交换公司债券业务实施细则》的规定。除此之外，公募可交换债主要适用《上市公司股东发行可交换公司债券试行规定》和沪深交易所《公司债券上市规则》；私募可交换债则主要适用《非公开发行公司债券业务管理暂行办法》和《非公开发行公司债券项目承接负面清单指引》（2018年修订）。两者主要发行条件区别如表7-3所示。

表7-3　　　　公募和私募可交换债发行条件比较

项目	公募可交换债	私募可交换债
发行主体	◆应当符合《公司法》《证券法》规定的有限责任公司或者股份有限公司 ◆公司组织机构健全，运行良好，内部控制制度不存在重大缺陷 ◆公司最近一期末的净资产额不少于人民币3亿元 ◆且不存在下述情形： ·最近36个月内公司财务会计文件存在虚假记载，或公司存在其他重大违法行为； ·本次发行申请文件存在虚假记载、误导性陈述或者重大遗漏； ·对已发行的公司债券或者其他债务有违约或者迟延支付本息的事实，仍处于继续状态；	◆应当符合《公司法》《证券法》规定的有限责任公司或者股份有限公司 ◆公司组织机构健全，运行良好，内部控制制度不存在重大缺陷 ◆发行人不属于《非公开发行公司债券项目承接负面清单指引》列举的16类企业 ◆对于房地产、钢铁、煤炭等发行人，还要符合《关于试行房地产、产能过剩行业公司债券分类监管的函》的相关要求

续表

项目	公募可交换债	私募可交换债
发行主体	·严重损害投资者合法权益和社会公共利益的其他情形 ◆发行大公募可交换债还须满足如下条件： ·发行人最近3年无债务违约或者迟延支付本息的事实； ·发行人最近3个会计年度实现的年均可分配利润不少于债券一年利息的1.5倍； ·债券信用评级达到AAA级； ·中国证监会根据投资者保护的需要规定的其他条件 ·对于房地产、钢铁、煤炭等发行人，还要符合《关于试行房地产、产能过剩行业公司债券分类监管的函》的相关要求	
发行规模	◆本次发行后累计公司债券余额不超过最近一期末净资产额的40% 本次发行债券的金额不超过预备用于交换的股票按募集说明书公告日前20个交易日均价计算的市值70%	◆无强制规定，取决于发行人持有股票的市值、本次发行设定的初始担保比例等 ◆原则要求，控股股东不能因本次发行丧失控股地位
债券期限	◆最短1年，最长不超过6年	◆最短1年
标的股票	◆上市公司最近一期末净资产不低于人民币15亿元，或者最近3个会计年度加权平均净资产收益率平均不低于6%。扣除非经常性损益后的净利润与扣除前的净利润相比，以低者作为加权平均净资产收益率的计算依据 ◆用于交换的股票在提出发行申请时应当为无限售条件股份，且股东在约定的换股期间转让该部分股票不违反其对上市公司或者其他股东的承诺 ◆用于交换的股票在发行前，不存在被查封、扣押、冻结等财产权利被限制的情形，也不存在权属争议或者依法不得转让或设定担保的其他情形	◆预备用于交换的股票在债券发行前，除为本次发行设定担保外，不存在被司法冻结等其他权利受限情形 ◆预备用于交换的股票在交换时不存在限售条件，且转让该部分股票不违反发行人对上市公司等的承诺
质押率	◆发行金额不超过标的股票按募集说明书公告日前20个交易日均价计算的市值的70%	◆质押股票数量应当不少于预备用于交换的股票数量

续表

项目	公募可交换债	私募可交换债
换股价格	◆不低于募集说明书公告日前20个交易日标的股票均价和前一个交易日的均价	◆深交所要求,换股价格应当不低于发行前一个交易日标的股票收盘价的90%以及前20个交易日收盘价的均价的90%,上交所未明确约定
换股期	◆发行结束日起12个月后方可换股	◆发行结束日起6个月后方可换股
评级	◆应当委托具有从事证券业务资格的资信评级机构进行信用评级 ◆经资信评级机构评级,债券信用级别良好	◆无强制要求
投资者范围	◆大公募可交换债同时面向公众投资者和合格投资者发行;小公募可交换债仅面向合格投资者发行 ◆合格投资者需符合《公司债券发行与交易管理办法》第十四条的资质条件: ·经有关金融监管部门批准设立的金融机构,包括证券公司、基金管理公司及其子公司、期货公司、商业银行、保险公司和信托公司等,以及经中国证券投资基金业协会(以下简称基金业协会)登记的私募基金管理人; ·上述金融机构面向投资者发行的理财产品,包括但不限于证券公司资产管理产品、基金及基金子公司产品、期货公司资产管理产品、银行理财产品、保险产品、信托产品以及经基金业协会备案的私募基金; ·净资产不低于人民币1 000万元的企事业单位法人、合伙企业; ·合格境外机构投资者(QFII)、人民币合格境外机构投资者(RQFII); ·社会保障基金、企业年金等养老基金,慈善基金等社会公益基金; ·名下金融资产不低于人民币300万元的个人投资者; ·经中国证监会认可的其他合格投资者	◆仅面向合格投资者 ◆合格投资者需符合《非公开发行公司债券业务管理暂行办法》第九条的资质条件: ·经有关金融监管部门批准设立的金融机构,包括证券公司、基金管理公司及其子公司、期货公司、商业银行、保险公司和信托公司等,以及经中国证券投资基金业协会登记的私募基金管理人; ·上述金融机构面向投资者发行的理财产品,包括但不限于证券公司资产管理产品、基金及基金子公司产品、期货公司资产管理产品、银行理财产品、保险产品、信托产品以及经中国证券投资基金业协会备案的私募基金; ·净资产不低于1 000万元的企事业单位法人、合伙企业; ·合格境外机构投资者(QFII)、人民币合格境外机构投资者(RQFII); ·社会保障基金、企业年金等养老基金,慈善基金等社会公益基金; ·经中国证监会认可的其他合格投资者; ·发行人的董事、监事、高级管理人员及持股比例超过5%的股东,可以参与本公司非公开发行公司债券的认购与转让

续表

项目	公募可交换债	私募可交换债
审核程序	◆大公募可交换债仍需证监会审核，小公募可交换债适用交易场所预审制度	◆由交易场所进行转让条件确认
批文有效期	◆公开发行公司债券，可以申请一次核准，分期发行。自中国证监会核准发行之日起，发行人应当在12个月内完成首期发行，剩余数量应当在24个月内发行完毕	◆自无异议函出具之日起12个月内有效

（二）私募可交换债负面清单的修订

需要注意的是，对于私募可交换债券，证券业协会为进一步防范非公开发行公司债券业务风险，对原有《非公开发行公司债券项目承接负面清单指引》进行了修订，并于2018年5月11日正式公布。根据修订后的负面清单，主要有如下几点修改：

（1）对于发行人财务会计文件存在虚假记载或公司存在其他重大违法行为的禁止发行债券时限由12个月延长至24个月，与非公开发行公司债券报告期（两年及一期）趋于一致。

（2）增加一条"对已发行的公司债券或者其他债务有违约或迟延支付本息的事实，仍处于继续状态"作为负面清单，提高发行人的规范运作要求。

（3）为防范公司债券业务整体风险，对原负面清单第三条作出以下调整，"最近12个月内因违反公司债券相关规定被中国证监会采取行政监管措施；或最近6个月内因违反公司债券相关规定被证券交易所等自律组织采取纪律处分"，即：①将该条款中明确的发行人违反公司债券相关规定被采取行政监管措施的情形扩展到被证券交易所等自律组织作出纪律处分，强化交易所等自律组织的自律监管；②对行政监管措施与交易所纪律处分的禁止发行债券时限进行区分，将因违反公司债券相关规定被证券交易所等自律组织采取纪律处分的禁止发行债券时限设定为 6 个月；③将上述条款中违反《公司债券发行与交易管理办法》拓展至违反其他公司债券相关规定的情形，拓宽负面清单的适用范围。需要说明的是，非公开发行公司债券负面清单适用主体为公司债券发行人，证券公司从事承销或者受托管理业务被采取监管措施的，不属于非公开发行公司债券发行负面清单的规制范围。

（4）为进一步加强财务会计信息披露质量，对于最近两年内财务报表被会计师出具保留意见且保留意见所涉及事项的影响尚未消除的，前期监管部门通过交易所明确要求发行人应当落实整改，并在保留意见所涉及事项的影响消除前限制其发行公司债券。现在负面清单增加上述要求，即将原第四条修订为"最近两年内财务报表曾被注册会计师出具保留意见且保留意见所涉及事项的影响尚未消除，或被注册会计师出具否定意见或者无法表示意见审计报告"。

（5）为贯彻落实 2016 年 1 月 44 部委联合发布的《关于印发对失信被执行人实施联合惩戒的合作备忘录的通知》（发改财金〔2016〕141 号）的规定，加强债券市场诚信建设，在负面清单中增加相应内容，限制失信单位发行公司债券，即增加第（六）条"因严重违法失信行为，被有权部门认定为失信被执行人、失信生产经营单位或者其他失信单位，并被暂停或限制发行公司债券"。

（6）为强化对债券募集资金的规范管理，将原第五条拆为两条，分别规定前次和本次募集资金使用的相关要求。与此同时，本次募集资金根据《证券法》的相关规定，增加了"募集资金投向不符合国家产业政策"的相关规定。即原条款修改为"擅自改变前次发行债券募集资金用途而未纠正""本次发行募集资金用途违反相关法律法规或募集资金投向不符合国家产业政策"两条规定。

（7）根据 2017 年全国金融工作会议精神，为引导债券募集资金进入实体企业，防止"脱实向虚"，通过此次负面清单的修订，限制非金融企业发行债券募集资金用于财务性投资,即增加了第(九)条"除金融类企业外,本次发行债券募集资金用途为持有以交易为目的的金融资产、委托理财等财务性投资,或本次发行债券募集资金用途为直接或间接投资于买卖有价证券为主要业务的公司"。

(8)为进一步提高非公开发行公司债券信息披露质量,做好与公开发行公司债券相关标准的衔接,根据《公司债券发行与交易管理办法》第十七条规定,在负面清单中明确限制发行文件存在虚假记载等情形的发行人发行私募债券,增加了第(十)条"本次发行文件存在虚假记载、误导性陈述或重大遗漏"。

此外,"最近一年经审计的总资产、净资产或营业收入任一项指标占合并报表相关指标比例超过30%的子公司存在负面清单第(一)条至(七)条及第(十一)条规定情形的,视同发行人属于负面清单范畴",即进一步明确发行人重要子公司存在负面清单相关条款规定情形的,视同发行人属于负面清单范畴。

(三)国有企业的特别条件

国有控股企业发行可交换债还须符合国务院国有资产监督管理委员会、财政部、中国证券监督管理委员会联合发布的《上市公司国有股权监督管理办法》(第36号令)等规定,上市公司国有控股股东发行可交换债未导致其持股比例低于合理持股比例、或国有参股股东发行可交换债的情形,由国家出资企业审核批准,其他情形由国有资产监督管理机构审核批准,可交换债的换股价格"应不低于债券募集说明书公告日前1个交易日、前20个交易日、前30个交易日该上市公司股票均价中的最高者",且"其利率应当在参照同期银行贷款利率、银行票据利率、同行业其他企业发行的债券利率,以及标的公司股票每股交换价格、上市公司未来发展前景等因素的前提下,通过市场询价合理确定"。此外,根据财政部于2013年11月16日发布的《关于国有金融企业发行可转换公司债券有关事宜的通知》（财金〔2013〕116号），国有金融企业不得发行可交换公司债券。

（四）房地产、产能过剩行业发行可交换债的特别要求

为加强对房地产、产能过剩行业公司债券发行人的信息披露和偿债能力要求，强化投资者保护机制和契约条款安排，强化募集资金用途管理，强化承销机构核查要求，2016年10月28日，沪深交易所发布了《关于试行房地产、产能过剩行业公司债券分类监管的函》，对房地产、产能过剩行业公司债券发行审核试行分类监管，其中，对房地产企业的发债采取"基础范围+综合指标评价"的分类监管标准，对煤炭、钢铁企业的发债采取"产业政策+综合指标评价"的分类监管标准。"基础范围"是指房地产企业申请发行债券应当符合的基础条件，"产业政策"是指违反国家相关产业政策要求的煤炭、钢铁企业，交易所暂不受理其发债和挂牌申请；综合指标评价是对符合"基础范围"要求的房地产企业和未违反"产业政策"的煤炭、钢铁企业作进一步分类，根据指标将企业划分为正常类、关注类和风险类，并指导承销商根据分类结果审慎承接相关项目或增加信息披露和核查要求。具体要求如表7-4所示。

三、可交换债项目操作流程

目前，可交换债项目参照公司债券的发行审核流程，即大公募可交换债直接报中国证监会债券部审核和批准，小公募可交换债先报交易所审核，审核通过后报证监会批准，私募可交换债报交易所备案，并由交易所出具无异议函。

可交换债项目按照操作流程可分为三个阶段：申报文件准备阶段、审核阶段和发行上市阶段，简要流程如图7-1所示。

表 7-4 房地产及产能过剩行业发行条件的特别要求

行业类型	房地产	煤炭	钢铁
基础范围/产业政策	◆ 资质良好，主体评级 AA 及以上，并能够严格执行国家房地产行业调控政策和市场调控政策等条件。发行主体限定在四类房地产企业： · 境内外上市的房地产企业； · 以房地产为主业的中央企业； · 省级政府（含直辖市）、省会城市、副省级城市及计划单列市的地方政府所属的房地产企业； · 中国房地产业协会排名前 100 名的其他房地产企业。 ◆ 鼓励和支持主要从事符合国家行业政策导向的房地产项目建设的房地产企业通过发行公司债券进行融资，非上市房地产企业不得发行公司债券； ◆ 对于存在以下情形的房地产企业不得发行： · 报告期内违反"国办发〔2013〕17号"规定的重大违法违规行为，或经国土资源部门查处且尚未按规定整改；	◆ 违反国家相关政策要求的煤炭产业（挂牌）申请，交易所将暂不限于以下情形； · 违反国发〔2016〕7 号文化解煤炭过剩产能的； · 未按照国发〔2016〕7 号文要求，存在不安全生产、违法违规建设，涉及劣质煤以及生产规模不足 300 万吨/年的； · 根据《关于对违法违规建设生产煤矿实施联合惩戒成员单位的通知》，被相关部门实施联合惩戒联合惩戒行为的发行人	◆ 违反国家相关政策要求的钢铁企业，交易所将暂不受理其发行（挂牌）申请，包括但不限于以下情形： · 即违反国发〔2013〕41 号文及国发〔2016〕6 号文化解钢铁产能的； · 未按照工信部公布的《钢铁行业规范条件》三批企业名单中的企业及企业所属集团

续表

行业类型	房地产	煤炭	钢铁
基础范围/产业政策	房地产市场调控期间，在重点调控的热点城市存在在竞拍"地价""哄抬地价"等行为； • 前次公司债券募集资金尚未使用完毕或考报告期内存在违规使用募集资金问题 ◆ 对因扰乱房地产市场秩序致被处罚的房地产企业，国土资源部等主管部门查处事项进行核查并取得中介机构应当就相关事项进行核查并取得相应主管部门意见		
综合评价指标	◆ 最近一年末总资产小于 200 亿元； ◆ 最近一年度营业收入小于 30 亿元； ◆ 最近一年度扣除非经常性损益后净利润为负； ◆ 最近一年末扣除预收款后资产负债率超过 65%； ◆ 房地产业务非一二线城市占比超过 50%	◆ 最近一年末总资产分别小于 400 亿元、最近一年度营业收入分别小于 150 亿元； ◆ 最近一年度毛利率小于 10%； ◆ 最近一年度净利润小于零； ◆ 最近一年末资产负债率超过 75%。 ◆ 最近两年（三年）经营性净现金流量平均值小于零	◆ 最近一年末总资产分别小于 800 亿元、最近一年度营业收入分别小于 450 亿元； ◆ 最近一年度毛利率小于 5%； ◆ 最近一年度净利润小于零； ◆ 最近一年末资产负债率超过 80%； ◆ 最近两年（三年）经营性净现金流量平均值小于零

续表

行业类型	房地产	煤炭	钢铁
分类原则	◆触发两项指标划分为关注类 ◆触发三项指标以上（含三项）划分为风险类 ◆其余划分为正常类		
承销商承接信息披露和核查要求	◆对于评价结果为"风险类"的发行人，主承销商应严格风险控制措施，审慎承接相关项目； ◆对于评价结果为"关注类"的发行人，发行人及主承销商需按要求作进一步披露和核查	◆对于评价结果为"风险类"的发行人若通过第三方担保等增信措施使债项评级达到AAA的，可归为"关注类"； ◆对于评价结果为"关注类"的发行人，发行人及主承销商需按要求作进一步披露和核查	

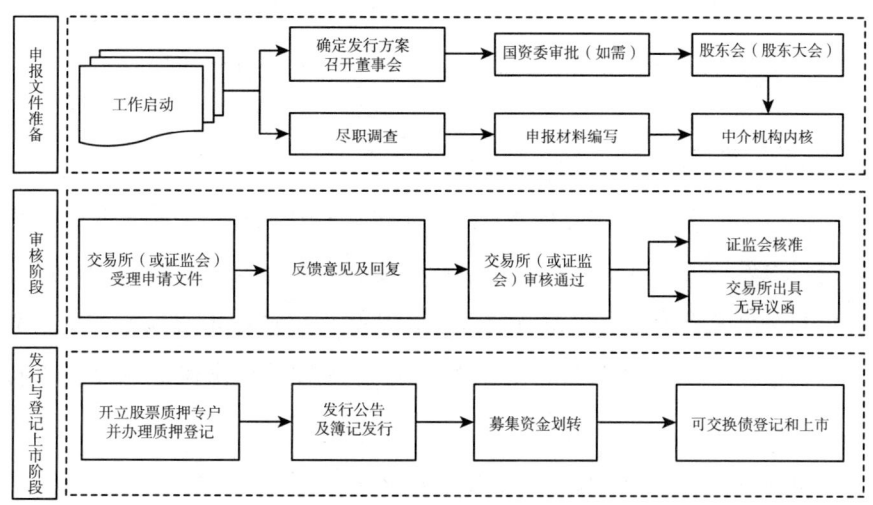

图 7-1 可交换债简要操作流程

（一）申报文件准备阶段

发行人计划发行可交换债，需要聘请投资银行作为本次发行可交换债的主承销商，以及聘请律师、审计师、信用评级机构等其他中介机构。其中，投资银行根据发行人诉求设计发行方案；律师对本次可交换债的发行和转让的合法合规性出具法律意见书；审计师出具最近两个会计年度的审计报告（如发行人的财务报告未审计）；信用评级机构对可交换债的发行主体和债项进行评级，出具评级报告，但偏股型的私募可交换债通常不进行评级。所有中介机构须在尽职调查的基础上，对本次可交换债募集说明书披露内容的真实性、准确性和完整性负责并提供声明文件。

发行方案确定后，发行人将按照公司章程的规定，先后履行董事会决议和股东会（对于有限责任公司）或股东大会（对于股份公司）等内部审议程序，其中国有企业或国有控股企业还需要获得国资委的批复。中介机构在进行尽职调查的基础上，根据发行申请文件清单及规定的内容与格式完成申请文件的编写,并在内核通过后即向监管机构报送。

申报文件准备阶段,通常需要1个半月至两个月的时间。

(二) 审核阶段

证监会或交易所受理申请文件后,将针对性地提出反馈意见,主承销商组织发行人及其他中介机构进行回复,直到监管机构认为相关问题已得到解决或合理解释。审核通过后,私募可交换债由交易所出具无异议函,小公募可交换债报证监会核准,大公募可交换债由证监会直接核准。

审核阶段,通常需要一个半月左右。

(三) 发行与登记上市阶段

可交换债发行申请获得无异议函或发行批复后,发行人将在主承销商的组织协调下,与投资者进行路演沟通。在发行人和主承销商协商确定的发行条款(主要是债券期限安排、票面利率区间、到期赎回价格或换股价格区间)下,若投资者意向认购量足够,主承销商将向监管机构报备发行方案并获得债券代码,披露募集说明书及发行公告,正式启动发行。

其后,主承销商根据发行公告约定的簿记原则以及投资者报价情况,确定最终的发行条款、获配对象和配售额度(私募发行也可不经过簿记程序而直接定价),投资者根据主承销商发送的缴款通知书完成缴款,主承销商在扣除承销费后将募集资金净额划转到发行人募集资金专户,发行工作完成。发行阶段相关工作通常需要1—2周的时间。

此后,主承销商根据投资者获配和缴款情况,向登记公司办理可交换债的登记和上市申请相关事宜。完成债券登记和上市相关工作通常需要1个月左右的时间。

四、可交换债发行需关注的问题

可交换债优点诸多，受市场广泛青睐，但在实务操作过程中，经常会因发行主体、标的股票、股票交易和募集资金等存在问题导致项目无法启动或难以通过审核，因此，需要给予重点关注。

（一）发行主体要求

根据相关规定，可交换债的发行人必须是持有 A 股股票或"新三板"挂牌公司股票的公司制法人。这里有几个问题需要注意：

首先，自然人、有限合伙企业等持股主体，显然不符合可交换债的发行条件。境外法人主体持有境内上市公司股票是否可以发行可交换债？根据《公司债券发行与交易管理办法》第七十条规定，"境外注册公司在中国证监会监管的债券交易场所的债券发行、交易或转让，参照适用本办法"；此外，第十二条规定，"上市公司、股票公开转让的非上市公众公司股东可以发行附可交换成上市公司或非上市公众公司股票条款的公司债券"，因此，境外注册公司在沪深交易所发行可交换债理论上是可行的。但截至 2018 年 3 月 31 日，市场尚未有境外公司发行可交换债的先例。

其次，通过全资子公司间接持有 A 股上市公司股票的公司是否可以发行可交换债？不可以。发行人必须是上市公司或新三板挂牌公司的股东。这类公司可以通过大宗交易或协议转让的方式受让其全资子公司所持有的上市公司股票，再发行可交换债，但如果股票仍处于限售状态，则无法通过转让股票的方式以达到发行条件。

此外，属于《非公开发行公司债券项目承接负面清单指引》中所列类型的公司，不符合《关于试行房地产、产能过剩行业公司债券分类监管的函》要求的房地产、煤炭、钢铁等行业的公司，国有金融企业，投资类公司,以及合并口径下无实际经营业务的公司均不符合发行可交换债的主体资格要求。

(二) 标的股票要求

发行公募可交换债要求标的股票在提出发行申请时即为无限售条件股份,且要求标的股票所在上市公司最近一期末的净资产不低于人民币15亿元,或者最近3个会计年度加权平均净资产收益率平均不低于6%(扣除非经常性损益后的净利润与扣除前的净利润相比,以低者作为加权平均净资产收益率的计算依据);私募可交换债允许标的股票在进入换股期前处于非限售状态即可,且对标的股票所在上市公司无特别要求。但无论公募可交换债还是私募可交换债,均要求发行人在约定的换股期间转让标的股票不违反其对上市公司或者其他股东的承诺,且用于交换的股票在发行前,不存在被查封、扣押、冻结等财产权利被限制的情形,也不存在权属争议或者依法不得转让或设定担保的其他情形。

此外,标的股票尚处于质押状态并不影响发行人向监管机构申请发行可交换债,但须在获得无异议函或批复后、正式启动发行簿记前将标的股票解质押,此时通常需要发行人筹集一笔过桥资金以偿还之前的质押融资本息。

(三) 股票交易问题

若可交换债的投资者在换股期内换股,则发行人将被动减持标的股票。根据《证券法》第四十七条关于禁止短线交易的规定,"上市公司董事、监事、高级管理人员、持有上市公司股份百分之五以上的股东,将其持有的该公司的股票在买入后六个月内卖出,或者在卖出后六个月内又买入,由此所得收益归该公司所有,公司董事会应当收回其所得收益",持有上市公司5%以上股份的发行人在此期间不得再买入标的股票。这里涉及几个细节问题:

第一，上市公司持股5%以下（不含5%）的发行人，无需考虑短线交易问题。

第二，对于上市公司持股5%以上的发行人，卖出股票的起始时点如何认定，是以全体债券持有人发生的第一笔换股交易为起点还是有更严格的规定？目前监管机构认定为换股期起始日作为卖出股票的起点，在此之前6个月内不能再买入股票，换股全部完成之日或可交换债到期之日起6个月内也不能买入股票。因此，发行人需要注意，若未来有增持上市公司股票的计划，则应谨慎考虑可交换债的期限设置问题。

第三，发行人增持的方式不仅指二级市场竞价交易或大宗交易买入，或通过协议受让其他投资者所持有的上市公司股票，还包括认购上市公司增发的股票，或参与上市公司配股，或买入上市公司发行的可转债后转股。此外，发行人的一致性行动人通过上述方式增持上市公司股票的行为，也视同发行人自己的增持行为。

实际上，目前执行更严格的口径是，上市公司持股5%以上的发行人在提交可交换债的发行申请前6个月内有增持股票的行为，即视同存在短线交易而暂缓审核，直至增持股票满6个月后。若考虑《上市公司收购管理办法》第七十四条，"在上市公司收购中，收购人持有的被收购公司的股份，在收购完成后12个月内不得转让"，其中所指收购包括上市公司控股股东巩固控制权的行为，那么对于上市公司的控股股东而言，在其股票增持行为发生后的12个月内都不宜发行可交换债。

（四）募集资金使用要求

根据《公司债券发行与交易管理办法》《公司债券受托管理人执业行为准则》等规则，发行人应当指定募集资金专项账户，专户专用，用于可交换债募集资金的接收、存储、划转与本息偿付。

同时，募集资金应当用于核准的用途且在募集说明书中披露，不得出现资金挪用的情况，且需要从专户中支出；发行人应当在定期报告中披露公开发行公司债券募集资金的使用情况。除金融类企业外，募集资金不得转借他人；不得投向房地产行业。若募集资金用于补充流动资金和偿还金融机构借款，其中用于补充流动资金的金额应不超过按照流动资金贷款公式计算出的资金缺口，且最终用于补充流动资金和偿还借款的金额必须和募集说明书约定的保持一致；若募投项目为固定资产投资项目，则需要提供项目的相关批文，且资金一定要流入固定资产项目。

此外，根据《关于试行房地产、产能过剩行业公司债券分类监管的函》，交易所要求房地产、煤炭和钢铁企业发行可交换债募集资金的使用作出合理审慎确定募集资金规模、明确募集资金用途及存续期披露安排。例如，房地产企业对保障性住房及普通商品住房项目最低资本金比例应不低于20%，其他项目不低于25%；钢铁项目最低资本金比例不低于40%，煤炭项目最低资本金比例不低于30%。对于房地产企业发行可交换债募集资金的使用，监管函还明确规定不得用于购置土地，并且发行人需就此出具书面承诺。

五、可交换债的投资退出

与可转债类似，可交换债的退出方式也有五种，分别是：直接卖出、换股卖出、被强制赎回、行使回售权和持有至到期。

公募可交换债因流动性较好，投资者更多地会选择直接卖出；私募可交换债虽然也可以找到交易对手方后直接卖出，但由于其所在的固定收益平台/综合协议转让平台的流动性较差，投资者更多地会选择换股卖出。

强制赎回条款通常是在标的股票的价格在连续的一段时间内（例如连续30个交易日有15个交易日）相对换股价格的涨幅达到一定幅度（例如上涨至当期换股价格的130%）时，为促使投资者尽快完成换股而设置的，此时投资者更多地会选择换股而不是被强制赎回。但可交换债相对可转债而言条款设置更灵活,比如可以约定在进入换股期前某段时间内(例如进入换股期前10个交易日),标的股票价格相对换股价格涨幅超过一定幅度时(例如上涨至当期换股价格的120%),或者因标的股票下跌而发行人向下修正换股价格导致换股数量不足时,发行人有权以一定价格(例如以108元/张的价格)赎回投资者所持有的股票。

在可交换债到期前一段时间内(例如私募可交换债通常约定到期前6个月,公募可交换债通常约定到期前2年),若标的股票股价下跌到一定幅度(例如下跌至当期换股价格的70%)且维持一段时间,可交换债的投资者有权以面值和当期应计利息回售给发行人。投资者行使回售权是在预期标的股票价格短期内上涨至换股价格之上的可能性较低的情况下提前收回投资本金的无奈之举,也是促使发行人主动向下修正换股价格以避免集中兑付可交换债本息的约束性条款。

被动持有至到期是可交换债投资者最不愿看到的结果,一方面投资者未享受换股带来的超额收益;另一方面由于期权价值的存在,利息收益也低于普通债券。市场回归理性后,偏债型的可交换债年均利率已接近普通债券的定价水平,甚至因流动性不足,偏债型的私募可交换债综合年均利率可能会超过普通债券的利率。

根据Wind资讯统计,截至2018年3月31日,沪深交易所共发行190只可交换债,其中36只可交换债于2018年4月30日前完成摘牌,主要以换股退出的可交换债有22只(以完成换股的比例超过可交换债总额的90%计算),占比61.11%;主要以赎回方式退出的可交换债有5只(以赎回比例为可交换债总额的100%计算),占比13.89%;以回售和到期赎回方式退出的可交换债为9只,占比为25%。从上述统计数据看,通过主动换股或被动赎回的方式退出的可交换债占比总计为75%,即有较高比例的投资者获得了超额投资收益(详见表7-5)。

表 7-5　可交换债退出情况统计

代码	名称	起息日	摘牌日期	转债转股比例（%）	赎回比例（%）	回售比例（%）	到期比例（%）
117045.SZ	16 桐逸 01	2016-10-21	2018-04-18	99.45	0.55	0.00	0.00
137052.SH	17 双鸽 EB	2017-12-07	2018-04-18	0.00	0.00	0.00	0.00
137023.SH	17 堆龙 EB	2017-01-23	2018-04-17	100.00	0.00	0.00	0.00
137007.SH	16 赣电 EB	2016-07-15	2018-04-17	100.00	0.00	0.00	0.00
137024.SH	17 氽 01 EB	2017-04-21	2018-04-10	99.37	0.63	0.00	0.00
117112.SZ	15 樊纳 E1	2015-02-17	2018-02-13	100.00	0.00	0.00	0.00
137005.SH	15 永泰 EB	2016-02-02	2018-02-08	0.00	0.00	0.00	100.00
117015.SZ	15 雅本债	2015-12-30	2017-12-28	0.00	0.00	0.00	100.00
132001.SH	14 宝钢 EB	2014-12-10	2017-12-15	38.90	0.00	0.00	61.10
117059.SZ	16 中超 E1	2016-11-29	2017-11-27	0.00	0.00	49.75	50.25
137021.SH	16 桐屹 EB	2016-11-28	2017-11-24	100.00	0.00	0.00	0.00
117046.SZ	16 牧原 01	2016-09-29	2017-11-24	100.00	0.00	0.00	0.00
117050.SZ	16 东方 EB	2016-11-01	2017-10-30	100.00	0.00	0.00	0.00
117081.SZ	15 名轩 E2	2015-10-26	2017-10-24	0.00	23.34	0.00	76.66
117019.SZ	16 卓越 EB	2016-04-28	2017-10-18	0.00	0.00	0.00	0.00
117031.SZ	16 长盈债	2016-08-03	2017-09-06	100.00	0.00	0.00	0.00
117017.SZ	16 山田 01	2016-03-14	2017-08-30	0.00	100.00	0.00	0.00
117068.SZ	17 亿纬 E1	2017-01-12	2017-08-14	100.00	0.00	0.00	0.00

续表

代码	名称	起息日	摘牌日期	转债转股比例（%）	赎回比例（%）	回售比例（%）	到期比例（%）
117036.SZ	16 金瑞 EB	2016-08-19	2017-08-08	100.00	0.00	0.00	0.00
117003.SZ	14 歌尔债	2014-09-10	2017-05-18	100.00	0.00	0.00	0.00
117010.SZ	15 中基债	2015-10-22	2017-03-13	0.00	100.00	0.00	0.00
117013.SZ	15 纳海债	2015-12-18	2017-02-14	0.00	100.00	0.00	0.00
137002.SH	15 新钢 EB	2015-12-24	2017-02-06	100.00	0.00	0.00	0.00
117011.SZ	15 大重债	2015-11-27	2016-12-30	100.00	0.00	0.00	0.00
117005.SZ	14 卡森 01	2014-12-29	2016-11-09	90.82	0.00	9.18	0.00
117023.SZ	15 名轩 03	2015-10-26	2016-10-24	0.00	20.00	0.00	80.00
117008.SZ	15 东集 01	2015-07-29	2016-10-20	94.00	6.00	0.00	0.00
117029.SZ	15 东集 EB	2015-06-23	2016-08-23	100.00	0.00	0.00	0.00
117024.SZ	15 宝利来	2015-05-20	2016-08-18	100.00	0.00	0.00	0.00
117002.SZ	14 海宁信	2014-07-31	2016-07-28	3.39	0.00	0.00	96.61
117020.SZ	15 正邦债	2015-11-25	2016-07-22	100.00	0.00	0.00	0.00
117012.SZ	15 世宝 01	2015-11-18	2016-07-04	100.00	0.00	0.00	0.00
117007.SZ	15 光韵达	2015-03-20	2015-12-11	100.00	0.00	0.00	0.00
117006.SZ	15 美大债	2015-01-26	2015-07-29	0.00	100.00	0.00	0.00
117004.SZ	14 沪美债	2014-12-12	2015-06-23	0.00	100.00	0.00	0.00
117001.SZ	13 福星债	2013-10-14	2014-07-25	100.00	0.00	0.00	0.00

资料来源：Wind，其中"16 卓越 EB"和"17 双鸽 EB"已摘牌但尚未有相关数据，这里按照到期赎回统计。

第八章

可交换债的应用场景

一、作为融资工具的可交换债

可交换债的基本功能之一是较低成本的融资工具。尤其是上市公司业绩优良,发行人有极强的惜售心态时,或者国有控股企业对持股比例有要求时。发行人发行可交换债是否以融资为目的,最直接的体现就是换股价格相对于发行前一日标的股票收盘价的溢价率,溢价率较高的可交换债,被称为偏债型可交换债,股票被换走的概率相对较低。当然,这也不绝对,在股价处于高位时,溢价率相对较低的可交换债也可能会被认为带有较强的融资目的而不是减持意图。以下通过几个案例进行分析。

(一)"14海宁债"——海宁资产谨慎试水可交换债

"14海宁债"是国内市场上继"13福星债"之后发行的第二只可交换债(当时称为"中小企业可交换私募债"),也是我国第一只国有企业发行的可交换债。发行人海宁市资产经营公司（以下简称"海宁资产"）是海宁市国有资产监督管理局管理的国有独资公司，成立于1996年12月16日，注册资本为20亿元，主要经营国有资产投资开发（上述经营范围不含国家法律法规规定禁止、限制和许可经营的项目）。

海宁资产为上市公司海宁中国皮革城股份有限公司（以下简称"海宁皮城"，股票代码为：002344）的控股股东，海宁皮城主营皮革专业市场的开发、租赁和服务。截至2014年4月18日，海宁资产直接持有海宁皮城41 096.72万股，持股比例36.69%，并通过旗下全资子公司海宁市市场开发服务中心持有海宁皮城23 553.88万股，持股比例为21.03%。本次可交换私募债以海宁皮城股票为换股标的，于2014年7月31日发行完毕，原计划募集资金6.6亿元，实际募集资金3.6亿元。截至2014年6月30日，即"14海宁债"发行前，海宁资产拥有债券余额约为54亿元，对比本次可交换私募债的发行规模，可以看出海宁资产作为第一家发行可交换债的国有企业，态度极为谨慎，从其条款设置即可窥见一斑。

"14海宁债"的主要条款如表8-1所示。

表8-1　　　　　　　"14海宁债"的主要条款

项目	条款
发行主体	海宁市资产经营公司
债券名称	海宁市资产经营公司2014年中小企业可交换私募债券
债券简称	14海宁债
债券代码	117002
发行总额	3.6亿元
发行方式	非公开方式向合格投资者发行
存续期限	2年
债券评级	AA+
票面金额	100元/张

续表

项 目	条 款
票面利率	票面年利率为 7.3%
计息方式	单利按年计息，逾期不另计利息
还本付息的方式	每年支付一次，最后一期利息随本金一起支付
起息日	2014 年 7 月 31 日
标的股票	海宁皮城（002344.SZ）
换股价格	18 元/股。本期私募债券的初始换股价格不低于债券发行日前 1 个交易日标的股票收盘价的 90% 以及前 20 个交易日收盘价的均价的 90%，且不低于发行前 1 个交易日、前 20 个交易日、前 30 个交易日标的股票均价中的最高者（若在该 30 个交易日内发生过因除权、除息引起股价调整的情形，则对调整前的交易日的交易价按经过相应除权、除息调整后的价格计算）
换股期	自发行结束之日起满 12 个月后的第 1 个交易日起至本期私募债券摘牌日止
担保措施及担保方式	发行人将其持有的 6 500 万股海宁皮城股票质押给中建投信托有限公司作为本次可交换私募债券的担保，其中 2 000 万股作为预备用于交换的股票
赎回条款	（1）在本期私募债券进入换股期前 15 个交易日至前 6 个交易日中至少有 5 个交易日的收盘价不低于当期换股价格的 120% 时，发行人董事会有权在进入换股期前 5 个交易日内决定按照债券面值的 110% 赎回全部或部分本期私募债券。 （2）换股期内，当下述情形的任意一种出现时，发行人有权决定按照（面值＋债券的当期应计利息）赎回全部或部分未换股的本期私募债券： ①换股期内，如果海宁皮城股票价格任意连续 10 个交易日中至少有 5 个交易日的收盘价不低于当期换股价格的 120%，发行人董事会有权在 5 个交易日内决定是否赎回； ②本期私募债券余额不足 1 000 万元时。

续表

项　目	条　款
赎回条款	（3）本期私募债券存续期间，若因标的股票派发现金股利，导致换股价格调整（除息）时，发行人应当根据调整后的换股价格与预备用于交换的股票数量乘积去除以发行规模，得到覆盖比例 X，发行人将按照票面本金和票面利率计算的应计利息之和，赎回每名投资者所持有的债券余额中的部分债券，每名投资者被赎回债券的数量为：该名投资者所持有的债券余额 × (1 - X)。
回售条款	本期私募债券存续期最后 3 个月内，当标的股票在任意连续 20 个交易日中至少 10 个交易日的收盘价低于当期换股价格的 80% 时，发行人在回售条件触发次日发布公告，债券持有人有权在公告日后 10 个交易日内将其持有的本期私募债券全部或部分按［债券面值 × (1 + 票面利率)］回售给发行人。若在上述交易日内发生过换股价格因发生送红股、转增股本、增发新股、配股以及派发现金股利等情况而调整的情形，则在调整前的交易日按调整前的换股价格和收盘价格计算，在调整后的交易日按调整后的换股价格和收盘价格计算。
募集资金用途	全部用于补充流动资金

资料来源：Wind，"14 海宁债"披露的《海宁市资产经营公司 2014 年中小企业可交换私募债券发行结果公告》。

从上述条款设置来看，"14 海宁债"属于比较典型的偏债型可交换债，主要体现在如下几个方面：

第一，换股价格溢价较高。本次可交换债的换股价格为 18 元/股，相对于发行前一日标的股票海宁皮城收盘价 13.13 元/股，溢价 37.09%，减持的可能性比较小。

第二，换股期较短、换股等待期较长。本次可交换债存续期为 2 年，换股起始日为发行结束之日起满 12 个月后的第 1 个交易日，实际上可供投资者换股的时间仅有 1 年。考虑到本次预备用于交换的股票不存在限售条件，根据《非公开发行公司债券业务管理暂行办法》等相关规定，发行人完全可以将换股起始日设置在发行结束之日起满 6 个月后的第一个交易日。因此，缩短换股期显然是发行人为了降低换股的可能性，故意延长了换股等待期。

第三，设置了进入换股期前的强制赎回条款。"在本次可交换债进入换股期前 15 个交易日至前 6 个交易日中至少有 5 个交易日的收盘价不低于当期换股价格的 120% 时，发行人董事会有权在进入换股期前 5 个交易日内决定按照债券面值的 110% 赎回全部或部分本期私募债券"，即标的股票在进入换股期前上涨幅度超过 20% 即可被发行人强制赎回，虽然发行人付出了债券面值的 10% 的代价，但一方面此时离第一次付息仅 1—3 周的时间，相对于 7.3% 的票面年利率，发行人实际上仅多付出债券面值的 2.7% 的利息代价；另一方面，相对于标的股票 20% 的涨幅，付出债券面值的 110% 的代价强制赎回股票后，假定发行人当即全部卖出，则有 10% 的价差收益，于发行人十分有利。

第四，给予投资者以较高的票息。本次可交换债票面年利率为 7.3%，高于同期发行的 3 年期信用等级为 AA+ 的私募公司债 6.9%/年的利率，显然是为了吸引固定收益类投资者参与认购，而不是面向权益类投资机构发行，后者更看重换股价格，对利率的敏感度不高。

实际上，"14 海宁债"发行后，A 股市场在 2014 年年底及 2015 年上半年迎来了一波牛市行情，标的股票海宁皮城的股价也随之一路上涨，最高上涨至 31.49 元/股，相对于 17.88 元/股的换股价格（因上市公司实施 2014 年度现金分红而对换股价格进行了除息调整），涨幅 76.12%。但因 A 股于 2015 年 6—7 月出现股灾，海宁皮城的股价又快速跌了下来，未能触发进入换股期前的强制赎回条款；及至债券到期，海宁皮城的股价仅有 4 个交易日的收盘价略高于 17.88 元/股，最终仅有 3.39% 的可交换债被换走，其余 96.61% 的债券因到期被摘牌。海宁资产最终实现了其试水可交换债及融资的目的。

（二）"16 赛纳债"——跨境并购融资利器

珠海赛纳打印科技股份有限公司（以下简称"赛纳科技"）是上市公司珠海艾派克科技股份有限公司（以下简称"艾派克"，后更名为纳思达股份有限公司，股票代码为：002180）的控股股东。艾派克主营业务包括集成电路芯片、通用打印耗材及核心部件和再生打印耗材的研发、生产和销售。2016 年 4 月 21 日，艾派克公告重大资产购买报告书，拟与太盟投资及君联资本联合收购美国纽交所上市公司 Lexmark International, Inc.（以下简称"Lexmark"）。Lexmark 主要产品包括激光打印机、打印耗材及部件、软件及服务，并且拥有高端的科技、成熟的产品线及前沿的服务品质，且在世界范围内享有良好声誉。截至 2015 年 12 月 31 日，Lexmark 总资产为 39.12 亿美元，净资产为 11.18 亿美元，营业收入为 35.51 亿美元，净利润为 0.40 亿美元（亏损主要是由于对外收购发生大额企业并购相关费用及整合调整费用等非经常性损益所致，实际上 Lexmark 未进行对外收购前，其 2014 年度实现净利润 0.80 亿美元）。本次交易金额约为 27 亿美元，其中艾派克拟出资 11.9 亿美元或等值人民币，间接持有收购主体 51.18% 的股权；太盟投资拟以现金出资 9.3 亿美元或等值人民币，间接持有收购主体 42.94% 的股权；君联资本拟以现金出资 2.0 亿美元或等值人民币，间接持有收购主体 5.88% 的股权（最终实际由君联管理的投资机构朔达投资参与投资）。

截至 2016 年 3 月 31 日，艾派克总资产为 31.12 亿元，净资产为 19.41 亿元；2015 年度，艾派克营业收入为 20.49 亿元，归属于母公司所有者的净利润为 2.81 亿元。显然，以艾派克彼时的资产规模和信用等级，不足以通过发行公司债券来筹集并购所需资金，如进行股权融资，则根据 A 股市场相关规定，监管审核和完成募集资金的时间将存在不确定性，无法满足交易对手方对完成交割时间的要求。考虑到艾派克停牌前市值为 252 亿元，控股股东赛纳科技持股比例高达 68.74%，因此，通过赛纳科技发行可交换债为艾派克筹集并购资金成为最优选择。实际上，赛纳科技于 2016 年 7 月 28 日和 2016 年 9 月 5 日分别发行了 29.70 亿元可交换债（债券简称：16 赛纳 01）和 30.3 亿元可交换债（债券简称：16 赛纳 02），共募集 60 亿元人民币资金，成为 2016 年最大规模的可交换债。

"16赛纳债"的主要条款如表8-2所示。

表8-2 "16赛纳债"的主要条款

项目	16赛纳01	16赛纳02
发行主体	珠海赛纳打印科技股份有限公司	
债券简称	16赛纳01	16赛纳02
债券代码	117030	117038
发行总额	29.7亿元	30.3亿元
发行方式	非公开发行	
存续期限	24个月	
票面金额	100元/张	
票面利率	4.5%	
补偿利率	8.5%（含最后一期利息）	
计息方式	采用单利按年付息，逾期不另计利息	
还本付息的方式	每年付息1次，最后一期利息随本金一起支付	
起息日	2016年7月28日	2016年9月5日
标的股票	艾派克（002180.SZ）	
换股价格	57.15元/股	
换股期	2017年10月9日至2018年7月25日（发行15个月后）	2017年10月9日至2018年8月31日（发行13个月后）
担保措施及担保方式	赛纳科技将其持有的14 000万股艾派克A股股票及其孳息（包括送股、转股和现金红利）一并质押给债券受托管理人	赛纳科技将其持有的15 000万股艾派克A股股票及其孳息一并质押给债券受托管理人

续表

项目	16 赛纳 01	16 赛纳 02
换股价格调整条款	在本期发行之后，当艾派克发生派送股票股利、转增股本、配股、派送现金股利等情况，将按下述公式进行换股价格的调整（保留小数点后两位，最后一位四舍五入）： ・派送股票股利或转增股本：$P1 = P0/(1+n)$； ・配股：$P1 = (P0 + A \times k)/(1+k)$； ・两项同时进行：$P1 = (P0 + A \times k)/(1+n+k)$； ・派送现金股利：$P1 = P0 - D$；上述三项同时进行：$P1 = (P0 - D + A \times k)/(1+n+k)$ 其中：$P0$ 为调整前换股价；n 为送股或转增股本率；k 为配股率；A 为配股价；D 为每股派送现金股利；$P1$ 为调整后换股价	
向下修正条款	在本期可交换公司债券换股期内，当标的股票在任意连续 20 个交易日中至少 10 个交易日的收盘价低于当期换股价格的 85% 时，发行人董事会有权决定换股价格是否向下修正。修正后的换股价格应不低于该次董事会决议签署日前 1 个交易日标的股票收盘价的 90% 以及前 20 个交易日收盘价均价的 90%	
赎回条款	在本期可交换公司债券的换股期内，如果艾派克股票在任何连续 30 个交易日中至少 15 个交易日的收盘价格不低于当期换股价格的 130%（含 130%）或当本期可交换公司债券未换股余额不足 3 000 万元，发行人有权决定按照债券面值加当期应计利息的价格赎回全部或部分未换股的可交换公司债券	
回售条款	无	
募集资金用途	收购和补充流动资金（其中 52 亿元借予上市公司用于艾派克实施的并购 Lexmark，剩余 8 亿元用于补充公司流动资金）	

资料来源：Wind 及上市公司艾派克相关公告。

从艾派克融资方式的选择和赛纳科技可交换债发行结果来看，可交换债在这次"蛇吞象"的并购交易中的重要性显而易见，成为本次并购的最大亮点之一。主要体现在如下几个方面：

第一，融资金额大大超过发行人净资产规模，充分利用高市值股票带来的好处。本次重大资产购买交易停牌前，艾派克市值为 252 亿元，赛纳科技持股市值为 173.22 亿元，本次可交换债共募集资金 60 亿元，仅占其持股市值的 34.64%，从股票质押融资的逻辑来看，本次可交换债融资的杠杆率并不高。但考虑到截至 2016 年 3 月 31 日，赛纳科技的净资产仅为25.32亿元，本次可交换债融资的杠杆率高达2.37倍。若赛纳科技选择公开发行公司债券融资，则根据相关规定，其融资规模不超过净资产的40%；选择私募发行公司债券融资，则因偿债风险较高，预计很难获得监管部门的批准。

第二，换股溢价率高，全部换股亦不导致控股股东丧失对上市公司的控制权。本次可交换债的初始换股价格为57.15元/股，相对于发行前一日艾派克二级市场价格，"16赛纳01"和"16赛纳02"溢价率分别高达83.47%和81.89%。假设60亿元可交换债全部换股，则对应股票数量约为1.05亿元，占彼时上市公司总股份数的10.54%，换股完成后，赛纳科技仍持有艾派克总股份数的58.20%，将继续保持对上市公司的绝对控股地位。

第三，融资成本低，充分挖掘可交换债的期权价值。本次可交换债的票面利率为4.5%，大幅低于同期类似信用等级的私募公司债的融资成本；即便考虑到期补偿利率8.5%后，年均利率为6.5%，也略低于市场利率。低于市场利率的部分，实际上是投资者对可交换债内含期权价值的认可。市场对期权价值大小的判断，来源于其对本次并购重组之后发行人未来业绩增长的预期，因此，发行人讲清楚了本次并购及整合的逻辑后，投资者对可交换债的期权价值便更有信心了。

第四，融资周期短，效率高。相对于股权融资所需8—12个月的操作周期且审核能否通过存在一定不确定而言，私募债仅需3—4个月即可完成发行，融资效率显然具有优势。融资确定性和时效性对跨境并购交易来说至关重要，因为交易对手方要求收购方必须在完成必要的政府审批后（如美国外国投资委员会的批准、中国监管部门的相关的批准/备案等）即支付对价，否则收购方必须向卖方支付一笔高额的终止费。

2018年4月28日，纳思达公告了其2017年年度报告及2018年一季报，从这两份报告来看，纳思达收购Lexmark的交易是非常成功的。从业绩表现上来说，尽管因为并购Lexmark后对其可辨认的资产、负债按公允价值进行调整，大幅增加了报告期内的折旧、摊销、存货转销等，加之并购融资的大额利息支出，纳思达合并报表净利润在 2017 年半年度出现高达 10.15 亿元的亏损，但因处置 Lexmark 旗下的企业软件业务，及年底迎来美国税改利好，纳思达于 2017 年度最终获得 9.49 亿元的净利润；2018 年一季度，Lexmark 打印机业务实现净利润 -0.12 亿美元（折合人民币 -0.77 亿元），该项业务的税前利润较上年同期可比口径（不含存货的评估增值转销成本影响）减少亏损约 -0.8 亿美元（折合人民币约 5 亿元），亏损大幅减少，经营情况持续向好。从经营方面看，2017 年 Lexmark 耗材工厂成功转移并投产，生产线实现平稳转移，在质量控制、生产出货、供应商管理、采购等环节，均实现了与纳思达良好的协同效应。

不过，由于业绩释放需要一定时间，纳思达股价并未出现大幅上涨。截至 2018 年 4 月底，纳思达股价为 31.61 元/股仍处于当期换股价格 57.12 元/股之下。随着到期时间的临近，赛纳科技可交换债的换股可能性降低，对投资者而言，如果被动持有可交换债到期，将仅获得年均 6.5% 的投资收益，未能分享到纳思达本次并购带来的超额收益，还是略有遗憾的。

（三）"17 云投 EB" ——高价位实现融资目标

"17 云投 EB" 是云南省能源投资集团有限公司（以下简称"云南能投"）以其所持有的中国长江电力股份有限公司（股票简称"长江电力"，股票代码为：600900）作为换股标的，非公开发行的 5 亿元可交换债。云南能投所持长江电力股票来源于后者于 2015 年 11 月 14 日公告《发行股份及支付现金购买资产并募集配套资金暨关联交易预案》，并于 2016 年 4 月 15 日完成的重大资产重组交易。在本次重大资产重组的交易方案中，长江电力以向云南能投及中国长江三峡集团公司、四川省能源投资集团有限责任公司发行股份并支付现金的方式，收购后三者持有的三峡金沙江川云水电开发有限公司合计100%的股权，云南能投因此获得8.8亿股长江电力股票，该股票于2017年6月7日解禁。

长江电力是中国三峡集团公司控股的上市公司，以大型水电运营为主要业务，运行管理三峡、葛洲坝、溪洛渡、向家坝等4座巨型水电站。截至2017年底，拥有总装机容量4 549.5万千瓦，占全国水电装机的比例为13.33%，2017年发电量2 108.93亿千瓦时，占全国水电发电量的17.66%，是全球最大的水电上市公司。根据长江电力于2016年3月26日公告的《发行股份及支付现金购买资产并募集配套资金暨关联交易报告书（修订稿）》及其后修订的"公司章程"，长江电力承诺对2016年至2020年每年度的利润分配按每股不低于0.65元进行现金分红，对2021年至2025年每年度的利润分配按不低于当年实现净利润的70%进行现金分红。实际上，根据长江电力2017年年度报告，长江电力于2015—2017年期间，股息分配率高达67.2%，按照除息前一日收盘价计算的股息率逐年提升，于2017年7月实施分红时达到4.77%。

持有长江电力这样的高股息股票，云南能投发行可交换债的目的显然不是为了减持股票。根据云南能投2017年年报，公司主要从事电力生产与销售、煤炭生产与销售、能源物资贸易、天然气、金融投资、盐化工、工程施工，近年来公司投资规模持续扩大，例如2017年追加了对三峡金沙江云川水电开发有限公司等大水电项目的投资，因此公司存在持续融资需求。实际上，2017年年末，云南能投的有息负债为631.17亿元，较2016年年末增加了147.12亿元，增幅为30.39%。因此，可以合理推测，云南能投本次发行可交换债的目的还是以融资为主。

"17云投EB"的主要条款如表8-3所示。

表 8-3　　　　　　　　"17 云投 EB"的主要条款

项 目	条 款
发行主体	云南省能源投资集团有限公司
债券简称	17 云投 EB
债券代码	137053
发行总额	5 亿元
发行方式	非公开发行
存续期限	3 年
债券评级	AAA
票面金额	100 元/张
票面利率	3.9%
补偿利率	无
利息种类	固定利率
付息频率	每年付息
起息日	2017 年 12 月 27 日
标的股票	长江电力（600900.SH）
换股价格	18.26 元/股
换股期	2019 年 1 月 1 日至 2020 年 12 月 27 日（发行 15 个月后）
担保措施及担保方式	公司将持有的长江电力 73 576 456 股 A 股股票及其孳息质押给债券受托管理人
换股价格调整条款	在本期可交换公司债券存续期内，当标的股票发生派送股票股利、转增股本、配股、派送现金股利等需要进行除权除息的事项时，将按下述公式对换股价格进行调整（保留小数点后两位，最后一位四舍五入）： ·派送股票股利或转增股本：$P1 = P0/(1+n)$ ·配股：$P1 = (P0 + A \times k)/(1+k)$ ·上述两项同时进行：$P1 = (P0 + A \times k)/(1+n+k)$ ·派送现金股利：$P1 = P0 - D$ ·上述三项同时进行：$P1 = (P0 - D + A \times k)/(1+n+k)$ 其中：P1 为调整后的换股价；P0 为调整前的换股价；n 为送股或转增股本率；A 为配股价；k 为配股率；D 为每股派送现金股利

续表

项　目	条　款
向下修正条款	在本期可交换公司债券换股期间，当长江电力 A 股股票在任意连续 20 个交易日中至少有 10 个交易日的收盘价低于当期换股价格的 85% 时，发行人董事会（或其授权人士）有权决定换股价格是否实施向下修正
赎回条款	换股期内，当出现以下任意一种情形时，发行人董事会（或其授权人士）有权按照债券面值加上按票面利率计算的当期应计利息的价格赎回全部或部分未换股的本期可交换公司债券：①本期可交换公司债券进入换股期后至债券存续期届满期间，如果长江电力 A 股股票在任意连续 30 个交易日中至少有 15 个交易日的收盘价格不低于当期换股价格的 130%（若在前述 30 个交易日内发生过因除权、除息引起股价调整的情形，则在换股价格调整日前的交易日按调整前的换股价格和收盘价计算，在换股价格调整日及之后的交易日按调整后的换股价格和收盘价计算）；②本期可交换公司债券未换股余额不足 3 000 万元
回售条款	无
募集资金用途	偿还即将到期的"15 云能投 PPN001"

资料来源：Wind 及相关公告。

仔细分析上述条款，本次可交换债以融资为目的的倾向性较为明显，主要体现在如下几个方面：

第一，换股溢价率不高，但换股绝对价格较高。本次可交换债的换股价格为 18.26 元/股，相对于发行前一日长江电力的收盘价 16.12 元/股溢价约 13.28%，溢价率并不高；但考虑到 18.26 元/股的价格比长江电力复权之后的历史最高价 17.27 元/股（盘中价）还溢价 5.73%，且对应长江电力市值 4 017.2 亿元，对应其 2016 年度净利润的静态市盈率为 19.33 倍，估值较高，换股的难度较大。当然，考虑到长江电力在未来 3 年每年分红不低于 0.65 元/股的承诺，换股价格调整之后，本次可交换债仍具有一定的吸引力。

第二，票面利息较高，债底价值较高。本次可交换债的票面利率为 3.90%，且未采取较低票面利率再给以较高到期补偿利率的方式降低实际利息支付。相对于同期类似信用等级的私募公司债 6% 以上的票面利率，"17 云投 EB"的融资成本并不高；但相对于换股溢价率 10% 左右、票面率1%、年平均利率不超过3%的可交换债，债底价格较高，融资成本略高。当然，一方面与临近年底，市场资金面紧张有关；另一方面，也反映了发行人在较高换股价格下，宁愿牺牲一点票息也不愿减持股票的态度。

第三，发行规模较小，换股等待期限较长。根据Wind资讯，本次可交换债基础发行规模为人民币5亿元，附超额配售选择权，即在基础发行规模5亿元的基础上可追加不超过5亿元的发行额度。但在实际存在超额认购的情况下，云南能投最终选择仅发行5亿元，并在后续未再启动第二期的发行，反映了其惜售股票的心态。同时，本次可交换债将换股起始日定为2019年1月1日，换股等待期长达12个多月，对于股票已处于解禁状态、换股等待期通常设置6个月的私募可交换债而言，"17云投EB"关于换股期间的设置进一步反映了发行人不愿减持股票的态度。

综上，"17云投EB"是发行人在标的股票处于价格高位时启动融资的尝试，而较低的换股溢价率则是发行人利益和投资者利益的市场化博弈结果，是一只特殊的偏债型可交换债。

二、作为减持手段的可交换债

客观来说，上市公司原始股东减持股票兑现投资收益是一种很正常的利益诉求，如果原始股东完全不能实现减持套现，则将造成上市公司原始股东特别是控股股东的利益和其他股东的利益不一致，A股市场又回到了股权分置改革之前的老路上去。但由于国内资本市场尚不成熟，大股东操纵股价、违规减持的现象时有发生，为保护中小股东的利益，监管机构出台了一系列限制大股东和董监高减持的规定，其中2017年5月出台的《上市公司股东、董监高减持股份的若干规定》对大股东和特别股东的减持行为做了更为严格的规定。不过，监管机构在严格限制大股东的二级市场减持行为的同时，通过放开可交换债的发行，为大股东的减持开了一扇窗。正因如此,减持新规出台后,市场上以减持为目的可交换债发行量迅速增长。

(一)"17 歌尔 EB"——无意间成就市值管理经典

歌尔集团有限公司(以下简称"歌尔集团",原名为"潍坊歌尔集团有限公司")主要从事电子元器件制造、生态农业和房地产开发等业务,是上市公司歌尔股份有限公司(股票简称为"歌尔股份",原称"歌尔声学",股票代码:002241)的控股股东。歌尔股份主营业务为电声器件业务和电子配件业务,在微型麦克风、高端虚拟现实产品、微型扬声器、耳机产品、智能可穿戴电子产品、智能家用电子游戏机配件产品、MEMS 麦克风、MEMS 传感器等领域占据市场领先地位。

早在 2014 年 9 月 10 日,歌尔集团即发行了国内市场上第三只可交换债——潍坊歌尔集团有限公司 2014 年中小企业可交换私募债券,即"14 歌尔债",成为国内最早试水可交换债这一产品的公司之一。"14 歌尔债"是歌尔集团在全球智能手机需求逐渐饱和,上市公司歌尔股份传统优势产品扬声器、麦克风增长乏力,而智能穿戴、虚拟现实、智能家居等新的战略性业务尚在培育过程中,股价自 2013 年 8 月最高点后回落并处于震荡盘整状态等大背景下发行的可交换债。"14 歌尔债"发行规模 12 亿元,期限为 3 年,票面利率 2.5%,换股价格为 28.70 元/股,相对于发行前一日标的股票歌尔股份收盘价无溢价,尽管如此,换股价格却是歌尔股份整个 2014 年下半年股价的最高点。虽然 2014 年因全球智能手机出售量增长了 26.52%,歌尔股份净利润增长 26.84%,但增长幅度相对于 2013 年的 44.05% 已有放缓,2015 年则出现自上市以来的首次业绩下滑。可见,2014 年至 2015 年的两年间,歌尔股份仍处于努力突破成长瓶颈的发展阶段。在新局面尚未打开之际,歌尔集团通过发行可交换债以减持部分股票来改善资产负债表和培育集团新业态,是一种理性的选择。由于价格处于相对高位,且可交换债未对股价造成冲击,因此,本次发行可交换债也使得歌尔集团偶然间完成了一次市值管理操作。投资者选择此时买入歌尔集团可交换债，表明其继续看好歌尔股份的发展前景。幸运的是，市场没有让这些投资者等待太久。随着2015年上半年A股市场的大牛市的到来，大部分投资者在买入"14歌尔债"仅7个月左右即完成了换股退出，而歌尔集团也真正实现了减持股票的目的。

2017年10月18日，歌尔集团再次发行可交换债。主要条款如表8-4所示。

表8-4　　　　　　　　"17歌尔债"主要条款

项目	条款
发行主体	歌尔集团有限公司
债券简称	17歌尔EB
债券代码	117102
发行总额	20亿元
发行方式	非公开发行
存续期限	3年
债券评级	未评级
票面金额	100元/张
票面利率	0.1%
补偿利率	5%（含最后一期年度利息）
利息种类	固定利率
付息频率	每年付息
起息日	2017年10月18日
标的股票	歌尔股份（002241.SZ）
换股价格	22.60元/股
换股期	2018年4月18日至2020年10月14日（发行6个月后）
担保措施及担保方式	合法拥有的1.6亿股歌尔股份A股股票作为担保财产

续表

项 目	条 款
换股价格调整条款	在本次发行可交换债券之后，当歌尔股份A股股票因派送股票股利、转增股本、公开增发新股、配股、派送现金股利等情况使歌尔股份A股股票发生变化时，将按下述公式进行换股价格的调整： · 派送股票股利或转增股本：$P1 = P0/(1+n)$ · 公开增发新股或配股：$P1 = (P0 + A \times k)/(1+k)$ · 上述两项同时进行：$P1 = (P0 + A \times k)/(1+n+k)$ · 派送现金股利：$P1 = P0 - D$ · 上述三项同时进行：$P1 = (P0 - D + A \times k)/(1+n+k)$ 其中：P0为初始换股价；n为送股或转增股本率；k为增发新股或配股率；A为公开增发新股价或配股价；D为每股派送现金股利；P1为调整后换股价
向下修正条款	本次发行可交换债券设置向下修正条款：换股期内，当连续20个交易日中至少有10个交易日标的股票股价低于换股价格的85%时，发行人有权向下修正换股价格
赎回条款	本次发行的可交换债设置有条件赎回条款，赎回条件如下：进入换股期后，当下述情形中的任意一种出现时，发行人有权按照本次可交换债面值加当期应计利息的价格赎回全部未换股的本次可交换债： (1) 在换股期内，如果标的股票在任意连续20个交易日中至少10个交易日的收盘价格不低于当期换股价格的130%时，公司有权决定赎回全部或部分未换股的可交换债； (2) 当本期可交换公司债券未换股余额不足3 000万元时
回售条款	在本次可交换债到期前180日内（即2020年4月18日，如为非交易日，则顺延至下一个交易日），如果歌尔股份收盘价在任何连续30个交易日低于当期换股价格的70%时，本次可交换债持有人有权将其持有的本次可交换债全部或部分以面值加上当期应计利息回售给本公司
募集资金用途	本次发行募集资金扣除发行费用后，17.5亿元拟用于偿还有息债务，剩余部分用于补充流动资金

资料来源：Wind及相关公告。

从上述条款看，歌尔集团的减持意愿较强，主要体现在如下几个方面：

第一，换股溢价率较低。本次可交换债的换股价格为22.60元/股，相对于发行前一日收盘价20.83元/股仅溢价8.50%，对应上市公司2017

年度净利润的静态市盈率为33.24倍。对歌尔股份这只白马成长股票来说，估值仍具备一定的合理性。

第二，票面利率极低。本次可交换债的票面利率仅0.1%，即便考虑到期补偿利率5%，年均利率也仅为1.73%，而同期类似信用等级的私募公司债票面利率则高达7%，可见，发行人认为"17歌尔EB"内含较大的期权价值，换股可能性较大，不愿再支付较高的利息。

第三，用于换股的股票数量占比较低，减持不影响实际控制人对上市公司的控制权。本次可交换债发行规模为20亿元，换股价格为22.60元/股，全部换股后，歌尔集团约减持8 849.56万股股票，占上市公司股份总数的2.73%。上述股票减持完成后，歌尔集团持股比例下降至21.18%，加上实际控制人直接持股部分（截至2018年3月31日持股），合计持股比例为37.26%，仍能保持对上市公司的控制地位。

歌尔集团本次发行以减持为目的的可交换债，无意间又进行了一次市值管理，这一点从歌尔股份最近两年多的业绩和股价表现得到印证。2016年，由于虚拟现实产品出货量大增，加之智能配件如无人机、穿戴设备、蓝牙设备、音箱等产品的助力，歌尔股份实现营业收入同比增长41.24%，归属于上市公司股东的扣除非经常性损益的净利润同比增长31.90%，这是公司业绩自2015年首次出现较大幅度下滑之后，重回增长通道的开始。2017年，歌尔股份营业收入继续保持增长，增幅为32.40%，归属于上市公司股东的扣除非经常性损益的净利润同比增长21.81%。尽管上市公司业绩仍保持了较高增长，但与2014年类似，增幅已出现下降。实际上，2018年一季度，歌尔股份营业收入同比下降了10.61%，归属于上市公司股东的净利润同比下降了38.55%，且公司预计2018年上半年实现的归属于上市公司股东的净利润将下降20%—40%。在业绩面临短期向下的趋势下，股价也出现大幅调整，自2017年11月14日盘中出现历史最高价23.20元/股之后，至2018年4月底已下跌至11.31元/股，相对于换股价格已下跌49.96%。

可见，歌尔集团 2014 年和 2017 年的两次可交换债发行，都恰巧在业绩即将出现向下拐点之前完成，以较低成本募集到发展所需资金，并在可交换债存续期内业绩再次获得较高增长，最终实现股票减持。借助可交换债，歌尔集团无意中成就了上市公司股东市值管理的经典之作。

（二）"15 新钢 EB"——持币静待钢铁之春

新余钢铁集团有限公司（以下简称"新钢集团"）是江西省的大型钢铁生产企业，核心业务包括钢铁冶炼、金属制品业务、特钢和铁矿石等，主要品种为热轧卷板、冷轧卷板、中厚板材、棒材、线材及金属制品等，是上市公司新余钢铁股份有限公司（股票简称"新钢股份"，股票代码：600782）的控股股东。新钢股份是一家以板材生产为主的大型钢铁联合企业，形成了年产 1 000 万吨冷热轧薄板、中板、厚板、特厚板系列板材精品基地，产品被广泛应用于机械制造、造船、石油化工、能源交通、汽车、家电、电力等行业领域，并行销全国各地，远销亚洲、欧洲、南北美洲等 20 多个国家和地区。

2015 年 12 月 24 日，新钢集团发行了 10 亿元可交换债。主要条款如表 8-5 所示。

表 8-5　　　　　　"15 新钢 EB" 主要条款

项　目	条　款
发行主体	新余钢铁集团有限公司
债券简称	15 新钢 EB
债券代码	137002
发行总额	10 亿元
发行方式	非公开发行
存续期限	3 年
债券评级	未评级
票面金额	100 元/张

续表

项 目	条 款
票面利率	4.5%
补偿利率	5%（含最后一期年度利息）
利息种类	固定利率
付息频率	每年付息
起息日	2015年12月24日
标的股票	新钢股份（600782.SH）
换股价格	5.83元/股
换股期	2016年6月27日至2018年12月24日（发行6个月后）
担保措施及担保方式	发行人将其持有的30 000万股新钢股份无限售条件流通股一并质押给债券受托管理人
换股价格调整条款	当标的股票发生派送股票股利、转增股本、配股、派送现金股利等情况，将按下述公式进行换股价格的调整（保留小数点后两位，最后一位四舍五入）： ·派送股票股利或转增股本：$P1 = P0/(1+n)$ ·配股：$P1 = (P0 + A \times k)/(1+k)$ ·两项同时进行：$P1 = (P0 + A \times k)/(1+n+k)$ ·派送现金股利：$P1 = P0 - D$ ·上述三项同时进行：$P1 = (P0 - D + A \times k)/(1+n+k)$ 其中：P0为调整前换股价；n为送股或转增股本率；k为配股率；A为配股价；D为每股派送现金股利；P1为调整后换股价
向下修正条款	在本次可交换债券换股期内，当标的股票在任意连续20个交易日中至少10个交易日的收盘价低于当期换股价格的90%时，发行人董事会有权决定换股价格是否向下修正
赎回条款	换股期内，当下述两种情形的任意一种出现时，发行人有权决定按照债券面值加当期应计利息的价格赎回全部或部分未换股的可交换债券： ·在换股期内，如果标的股票在任何连续30个交易日中至少15个交易日的收盘价格不低于当期换股价格的130%（含130%）； ·当本次可交换债券未换股余额不足3 000万元时
回售条款	无
募集资金用途	全部用于补充流动资金

资料来源：Wind及相关公告。

从上述条款来看,"15 新钢 EB"的换股价格就定在发行前一日标的股票新钢股份的收盘价 5.83 元/股,表明新钢集团减持股票的意愿非常强烈,但从 4.5% 的票面利率来看,又似乎像是一只以融资为目的的偏债型可交换债。此外,若可交换债全部完成换股,新钢集团的持股比例将由发行前的 75.96% 下降至 63.65%(未考虑后续现金分红导致换股价格调整的情况),尽管新钢集团并不会因此丧失对上市公司的控制权,但如此大幅度的减持行为对于一家地方国有控股企业来说也实属罕见。要理解上述条款设置的意图,则需要了解新钢集团发行本次可交换债的背景。

2000 年以来,国内钢铁产量快速增长,至 2014 年已达到 8.23 亿吨,占全球钢铁产量的 50% 以上。尽管在此期间 GDP 也保持了较快的增长水平,尤其是在房地产投资的拉动下,粗钢消费量于 2014 年增长到 7.50 亿吨,但仍然不足以消化当年钢铁产量。随着国内 GDP 增速下降,以及固定资产投资增速的放缓,钢铁产能出现严重过剩,国内钢企在 2012 年出现普遍亏损之后,连续 3 年都没有走出行业低谷期。2015 年,工信部公布《钢铁产业调整政策》,去产能力度空前,但产能过剩形势并未完全好转,钢铁行业进入深冬,武钢股份、首钢股份、马钢股份、鞍钢股份、包钢股份、安阳钢铁、华菱钢铁、三钢闽光、柳钢股份等地方国有控股钢铁企业均出现大额亏损,甚至经营效率较高的民营控股钢铁上市公司沙钢股份、南钢股份都难抵行业寒冬。新钢股份虽然勉强维持不足亿元的盈利,但资产负债率已接近 70%,短期偿债压力较大。因此,新钢集团发行可交换债募集 10 亿元资金,在一定程度上缓解了集团整体资金压力。

受益于国家供给侧改革,钢铁去产能成效显著,钢价逐渐回升,钢铁企业盈利恢复,新钢股份股价大幅上涨之后,"15 新钢 EB"于 2017 年 2 月全部完成换股,新钢集团实现了减持股票、降低杠杆的目标。

三、可交换债的其他应用

可交换债除了作为融资工具和减持手段外，根据发行对象的不同，还可以实现特殊的目的，例如，作为并购交易的支付对价、股权结构调整的工具以及实施股权激励的手段。

（一）作为并购交易的支付对价

并购交易中，收购方向对方支付交易对价，通常有现金、股票、债券以及上述几种方式相结合的方式。其中，股票通常是指收购方自身的权益，例如上市公司向交易对方发行股份购买资产，而通过以其所持有的上市公司股票作为支付的对价并不常见，但实务操作中很可能会遇到下述情形：

某上市公司在与交易对手方洽谈的重大资产购买交易中，对手方对标的资产的估值要求较高，但不愿作相应的业绩对赌承诺，而上市公司则考虑到标的资产对其而言有重大的战略意义，因此，购买意愿较为强烈。此时，控股股东为支持该上市公司的战略性收购，同意在上市公司股价较低的窗口，以非公开发行的方式向交易对手方发行可交换债，换股价格取发行前一个交易日收盘价的90%及前20个交易日收盘价均价的90%最高者，作为对本次交易对价的弥补。由于可交换债内含换股期权，在未来上市公司股价上涨时交易对手方能兑现一部分超额收益，股价下跌时交易对手方也不会产生亏损，因此，基本能满足交易对手方的利益诉求，最终达成交易。

（二）作为股权结构调整的工具

股权结构的多元化往往能改善上市公司的治理结构，提高上市公司重大事项的决策效率和效果，因此，股权过度集中的上市公司通常有调整股权结构的需求,例如当下正在进行的国有企业混合所有制改革。上市公司市场化的股权结构调整,除了通过非公开发行股票、协议转让股权外,还可以通过控股股东非公开发行可交换债来实现。

例如,某民营控股上市公司拟引入一名战略投资者,若选择非公开发行股票的方式,则一方面程序较为复杂,同时存在较大的审核不确定性;若通过控股股东协议转让股票的方式,则因其所持股票尚处于限售状态,暂时无法实现,等到解禁之后再转让,则未来交易价格存在不确定性。因此,双方约定以发行私募可交换债的方式解决,并约定较低的票面利率,以及进入换股期后2个月内必须完成换股。可交换债发行后,战略投资者委派的代表进入上市公司董事会,协助上市公司完成了一系列资本运作,战略投资者自身也在进入换股期后即全部完成换股,实现了双赢。

再例如,有一家大型国有控股上市公司的控股股东原本符合公募可交换债的发行条件,但为了引入几家战略投资者,同时作为混合所有制改革的一部分,需要降低控股股东的持股比例,其选择了发行私募可交换债。最终,本次可交换债发行的票面利率为1%,换股溢价率不超过10%,除战略投资者认购外,其他投资者的认购也非常踊跃,实现了发行人的多重目标。

(三)作为股权激励的手段

根据中国证监会于2016年7月13日公布的《上市公司股权激励管理办法》(2018年有修订),A股上市公司股权激励方式有两种,即股票期权和限制性股票,虽然两者的定价有区别,但实际上都是上市公司以一定对价将其股票的看涨期权出售给激励对象。这一点跟可交换债类似,尽管可交换债是一系列期权的组合,但其核心的期权仍然是向投资者出售上市公司股票的看涨期权。

不过,相比于股票期权或限制性股票,向激励对象发行可交换债无需对上市公司计提管理费用，也不要求激励对象在完成业绩考核指标的前提下才能获得股票。因此，若控股股东愿意，也可以考虑向上市公司董事、高级管理人员和核心技术人员等激励对象发行可交换债来实施股权激励计划。

例如，某国有控股上市公司的控股股东，于近年向上市公司管理层成立的投资公司发行了可交换债，该投资公司待可交换债进入换股期后即完成换股，实现了管理层间接持有上市公司股份，进一步激发了管理层的积极性。

后　　记

2017年，自本人走出校园投身投行工作，恰好十年。对投行从业人员来说，过去的十年是最好的年代，央企上市、创业板开板、境内外并购、资产证券化的加速带来了大量的投行业务机会，券商因此赚得盆满钵满；过去十年也是最坏的年代，股市大起大落，IPO启启停停，监管政策越来越严，投行业务向头部券商集中的趋势愈发明显，降薪、裁员，投行民工在一轮轮牛熊转换中惨遭去产能。本人能在残酷的市场竞争环境中坚持下来，实属幸运。

从业十年，为给自己留下一点纪念，我打算写本投行专业相关的书。IPO、H股闪电配售、定向增发、优先股、公司债券、上市公司之间吸收合并、上市公司回购公众股、上市公司员工持股计划、上市公司股权激励等等，故事不少，但到底写哪方面？仔细想来，本人投入时间和精力最多的还是可转债和可交换债，并且，在公司内部，在金融圈各种小沙龙上，对这两个金融产品的研究和实务操作的心得体会做过多次分享。恰逢2017年证监会推出再融资新政和减持新规，可转债和可交换债开始变得炙手可热起来（2018年以来可交换债发展遇冷，预计随着市场回暖，可交换债会再次发展起来）。但相比较于可转债和可交换债业务的迅速发展，除了自媒体偶有一些数据统计、案例分析的文章出现，图书市场并没有相关的作出系统性梳理的书籍可供从业人员参考。于是，本着抛砖引玉的心态，2017年11月3日，本人开始了本书的撰写工作。

书名之所以叫"攻守兼备，大器晚成"，主要是有以下两层含义：

首先，可转债、可交换债两个品种因内含多个期权，无论从融资角度还是投资角度，都是进可攻、退可守的金融产品，此之谓"攻守兼备"。另一方面，可转债和可交换债在证券监管机构首次推出之后，都经历了很长一段时间的沉寂、缓慢发展才有了今日繁荣之局面，具体过程可参考本书相关章节，此之谓"大器晚成"。

其次，"攻守兼备，大器晚成"也是一种自勉。面对国内资本市场的大起大落，个人所求，无非是像可转债、可交换债一样，通过业务类型的转换来实现业绩的下有保底、上无封顶，并且经过足够多的历练之后，终成大器。

本书成稿的过程中，很多灵感来源于领导在工作中给予的指导、同事之间深入的讨论，在此衷心地感谢各位！特别感谢保利集团党委常委、总会计师傅俊元先生对我一如既往的关心和大力支持，于百忙之中为本书拨冗作序。此外，我还要感谢我的家人，正是因为你们的悉心照顾、鼓励、支持，我才得以全身心地投入到工作当中，并坚持完成本书的写作。

谢谢你们！

罗　斌
2018 年 9 月 27 日